AF475969

UNION COLONIALE FRANÇAISE

FONDATION LUCIEN DE REINACH

RECONNUE D'UTILITÉ PUBLIQUE

Siège : 17, rue d'Anjou
PARIS (VIIIe)

1912

UNION COLONIALE FRANÇAISE

FONDATION LUCIEN DE REINACH

RECONNUE D'UTILITÉ PUBLIQUE

Siège : 17, rue d'Anjou
PARIS (VIIIe)

1912

Le Capitaine LUCIEN DE REINACH

En publiant ici le premier rapport annuel sur le fonctionnement de la Fondation Lucien de Reinach, nous avons pensé que la préface de ce document devait être consacrée à la biographie de celui dont la Fondation est destinée à perpétuer la mémoire.

Si courte qu'elle ait été, la vie de Lucien de Reinach est un bel exemple pour ceux qui voient dans le service de la patrie le plus rigoureux des devoirs en même temps que la source la plus féconde de satisfactions et de consolations.

Arrivé à l'âge où l'on se décide à suivre une carrière, Lucien de Reinach pouvait, à raison des études consciencieuses qu'il avait faites et de sa situation de famille, choisir sa voie. Il n'hésita pas à marquer sa préférence pour le métier des armes. En agissant ainsi, il obéissait aux sentiments du plus pur patriotisme qui inspirèrent toujours sa conduite et il satisfaisait les goûts qu'il avait manifestés depuis son enfance. Les prouesses des soldats du premier Empire l'enthousiasmaient et il se plaisait à collectionner les estampes qu'ils avaient inspirées.

Loin de contrarier cette vocation, sa famille la favorisa. Il entra donc à Saint-Cyr le 1er octobre 1885 à l'âge de 21 ans, en sortit le 1er octobre 1887, suivit pendant une année les cours de l'Ecole d'application de cavalerie, et fut nommé, à sa sortie de Saumur, sous-lieutenant au 19e Chasseurs. Promu lieutenant au 2e Hussards le 1er juillet 1891, il se donna tout entier à son métier, publia en 1892 la traduction d'une étude allemande sur *Le Passage des cours d'eau par la cavalerie* et, en 1893 se présenta à l'Ecole de Guerre, où, après avoir été admissible il n'échoua que de quelques points.

Une catastrophe, provoquée par des circonstances auxquelles Lucien de Reinach était resté totalement étranger, bouleversa sa vie. Malgré l'estime et la sympathie que ses chefs et ses camarades lui témoignèrent, il sentit que les événements étaient plus forts que sa volonté; il aurait pu donner sa démission ; il préféra partir pour les colonies.

Par décision ministérielle du 23 mars 1893, il fut mis à la disposition de M. de Lanessan, Gouverneur général de l'Indo-Chine, et s'embarqua le 27 avril pour le Tonkin.

Arrivé à Saïgon dans les premiers jours de juin, il reçut de M. de Lanessan les instructions qu'il devait exécuter avec la conscience qu'il mettait en toute chose. Ainsi qu'il l'écrivait à sa mère et à sa sœur le 6 juin 1893, il était appelé à diriger la milice à cheval chargée d'assurer la sécurité de la route de Bac-Lé à Lang-Son et de protéger les chantiers du chemin de fer en construction entre ces deux points. Le tronçon de la voie ferrée de Phu-Lang-Thuong à Lang-Son était une portion de la ligne qui devait relier Hanoï à la ville chinoise de Lang-Tcheou. Ces travaux sont aujourd'hui achevés, mais à l'époque dont nous parlons, que de troubles, de retards et de difficultés!

Lucien de Reinach organisa son petit corps de cavalerie indigène avec les moyens insuffisants mis à sa disposition, instruisit les hommes, compléta l'effectif des chevaux, forma des convois qu'il conduisit par des chemins à peine praticables et assura les approvisionnements dans un pays où rien n'avait été prévu. Accessible à tous, il ne s'en remettait qu'à lui-même du soin de surveiller, de stimuler le zèle des plus humbles, et il savait suppléer, par son initiative, à l'imprécision des ordres qui lui manquèrent souvent. Il accomplit, en un mot, avec une ponctualité, un souci du détail remarquables sa difficile mission.

A Song-Hoa notamment, il fut logé d'une manière misérable pour laisser un bon gîte aux divers fonctionnaires de passage; il conte ses mésaventures dans une lettre fort curieuse du 9 juillet. Peu habitué encore à la rudesse de la vie coloniale, Lucien de Reinach n'exprime aucune plainte et rien n'altère sa bonne humeur. Il a résolu, en toute occurrence, de se conduire en soldat discipliné et de ne tenir aucun compte de ce qui semble indispensable à tant d'autres. D'ailleurs, l'adaptation fut rapide, et, au bout d'un mois, il se comportait comme le soldat colonial le plus aguerri.

Il sut s'attacher ses divers collaborateurs sans distinction de rang et s'asseyait volontiers à la table des gardes principaux de la milice, anciens militaires, compagnons d'armes et informateurs précis. « L'inspecteur qui est ici, écrivait-il, est un ancien sous-officier de la ligne. Il est fort bien élevé, Il ne réciterait peut-être pas les classiques, mais ce n'est pas cela que l'on demande à ces Messieurs. Ils sont très courageux et se font tuer tout autant que des officiers. Voyez Grosgurin! » Dans l'appréciation des hommes, le fond l'emportera toujours sur l'apparence; les qualités morales, l'aptitude à remplir une tâche précise, la force d'âme constituent son criterium. Jusqu'en novembre 1893, le lieutenant de Reinach resta sous les ordres du colonel Servière qui, depuis sept ans, commandait le deuxième territoire militaire. Son chef était devenu son ami et leurs relations résistèrent à l'épreuve du temps. Le colonel Servière fut nommé Président de la Commission d'abornement de la frontière du Yunnan. Un moment, Lucien de Reinach espéra revenir sous ses ordres. Le 19 mars 1912, le général Servière, dont on connaît la belle carrière, nous écrivait en recevant la grande médaille d'or qui lui a été décernée par la Fondation Lucien de Reinach : « Elle me rappellera le précieux souvenir de mon vaillant officier d'ordonnance, qui a toujours été pour moi très dévoué et était devenu un véritable ami. »

En janvier 1894, le jeune officier fut chargé d'assurer l'approvisionnement de la colonne qui opérait dans le Caï-Kinh, puis il commanda le poste de Pho-Binh-Gia, et dirigea la station optique. Il déploya autant d'activité que de compétence dans l'accomplissement de ce triple mandat et reçut la médaille coloniale à la suite des opérations de la colonne de Caï-Kinh. Sa mission terminée, il fut attaché au Bureau militaire du Gouverneur général de l'Indochine (mai-novembre 1894). Nous le retrouvons à Haïphong le 28 février. Son arrivée y coïncidait avec le retour en France de M. de Lanessan. A Haïphong, il visite les usines et les maisons de commerce, entre dans les boutiques des Chinois et des Annamites, étudie les petites industries locales, interroge les autochtones, note toutes les particularités de leur existence et de leurs traditions, appliquant déjà la méthode qui lui permettra d'arriver à connaître l'essentiel de la mentalité des Annamites et des Laotiens. Puis, il séjourne à Hanoï de la fin d'avril aux premiers jours de novembre 1894. Dans cette ville, il s'abstient de se mêler aux réunions mondaines; ses relations d'amitié se bornent à deux ou trois fonctionnaires, à un magistrat amateur de musique wagnérienne, à un ingénieur anglais. Il utilise judicieusement ses loisirs en visitant Kébao, les charbonnages de Hongay, Quang-Yen, la baie d'Along, Nam-Dinh. Il consigne tout ce qui l'éclaire sur l'état moral des populations, sur la valeur économique des manifestations qu'il observe. Dans ses lettres, il sait toujours signaler d'un mot le caractère du pays qu'il traverse. Il ne dénigre jamais, mais ne se croit pas obligé de se complaire dans une admiration systématique.

En novembre 1894, Lucien de Reinach fut désigné, par arrêté du Gouverneur général, pour faire partie de la mission que le lieutenant-colonel Bouinais emmenait au Laos (novembre 1894-mars 1895). Il descendit à Saïgon par le « Colombo ». Lorsqu'il y arriva, le monde officiel multipliait les fêtes en l'honneur du Prince Henri d'Orléans. Mais Lucien de Reinach, tout entier aux préparatifs de son voyage, étudie et se renseigne. Il est plein d'ardeur. Seule l'incertitude où il est de la nature exacte de la mission, pour laquelle il a été désigné, le préoccupe un peu. M. de Lanessan, qui avait tenu à le recevoir au Palais du Gouvernement et qui ne cessa de lui donner les preuves d'une extrême bienveillance n'avait, en effet, fourni aucune indication précise sur l'objet même de la mission dont il allait faire partie. Son but officiel était l'exécution au Laos « de travaux topographiques pour la délimitation des territoires franco-siamois ». Elle devait « remonter le Mékong jusqu'à Bassac et, après avoir reconnu la frontière méridionale franco-siamoise, regagner l'Annam à la fin de l'hiver en suivant la rivière d'Attopeu ».

En novembre, il quittait Saïgon, remontait le Mékong à l'époque des plus basses eaux, s'arrêtait à Pnom-Penh, Kratié, Stung-Treng, Khône, Khong, enfin Ban-Mouang (le village des Mangues). Le colonel Bouinais tomba malade à Ban-Mouang et le 14 décembre 1894, regagna Saïgon. Le commandement de l'expédition fut confié aux lieutenants de Reinach et Bocquel. Sa première partie devait être la reconnaissance du pays des Bolovens qui tire son nom de la tribu Kha qui l'habite. Il forme relief entre la Sédone et la Sékhong.

Certains voyageurs l'ont présenté sous les couleurs les plus riantes. On a pensé qu'on pourrait y établir le sanatorium de notre Indochine. Lucien de Reinach ne partage pas cette opinion favorable. La mission se mit en route pour cette destination le 27 décembre et atteignit la grande forêt presque au sortir de Ban-Mouang.

Dans ses lettres, le lieutenant de Reinach conte d'une façon charmante des traits de mœurs laotiennes. Il y a aussi les dangers, les fatigues du chemin à travers la forêt vierge coupée de cours d'eau. Le voyageur en parle à peine. Il est de ceux qui accomplissent leur devoir sans souligner les difficultés vaincues. Le 14 janvier, il était de retour à Ban-Mouang, après avoir fait la reconnaissance du pays des Bolovens. Le lieutenant Bocquel tomba assez sérieusement malade à Khong. En attendant d'entreprendre un voyage plus long, Lucien de Reinach étudie le laotien, lit ses livres préférés, rédige son rapport, met en ordre les notes qu'il a prises en cours de route et qui lui serviront à écrire un chapitre de son ouvrage sur le Laos.

Mais son camarade Bocquel est toujours malade; le lieutenant de Reinach reçoit l'ordre d'aller reconnaître le Pic de Lagrée, ainsi nommé en mémoire du chef de la mission de 1866. C'est ici la région montagneuse fréquentée par les chasseurs d'éléphants du Laos méridional. En quelques heures il a organisé ce qu'il appelle sa « petite expédition »; il part le 14 février 1895, le lendemain du jour où il a reçu les instructions de ses chefs. Après avoir failli vingt fois se rompre la tête, au prix des plus rudes fatigues il parvient à gravir la montagne jusqu'à un endroit où un amoncellement d'énormes roches formait un obstacle infranchissable. On eût dit qu'une divinité de la mythologie locale avait voulu préserver de toute profanation le fier sommet qui domine la vaste contrée.

Ayant exécuté les ordres de ses chefs, il regagna Ban-Mouang. Le 27 juillet 1895, il était mis à la disposition de M. Boulloche, Résident supérieur en mission au Laos, et demeura désormais à Ban-Mouang. A ce moment, il n'a pas encore pour le Laos l'affection qu'il lui vouera par la suite. Il n'a pas eu le temps de connaître à fond ce grand pays et ses populations; mais, au fur et à mesure qu'il l'eut mieux pénétré, il éprouva une sympathie véritable pour un peuple enfant qui s'était donné sans condition à la France et acceptait docilement sa domination. Peu après, il devenait le collaborateur du colonel Tournier, alors Commandant supérieur du Bas-Laos. Chargé de la direction de la province de Bassac, il l'administra de 1895 à 1899. Son titre officiel était celui de « commissaire du gouvernement à Ban-Mouang », région comprenant cinq muongs ou provinces qui faisaient autrefois partie du royaume de Bassac. Il était à bonne école sous les ordres de celui qu'il appelle « le colonel » et qui restera pour lui le modèle de l'homme d'action, de l'organisateur que rien ne décourage ni ne rebute, du manieur de populations indigènes, unissant la volonté la plus décidée à une inaltérable bonne humeur. Il apprend ainsi à pratiquer une politique indigène adaptée de tous points aux traditions, aux mœurs et à l'ambiance du pays qu'il a charge d'administrer.

Dans une lettre du 22 décembre 1895 à sa mère et à sa sœur, Lucien de Reinach parle de sa prise de possession : « Je suis dans la période du débrouillage; je cherche un peu à voir clair dans les affaires de la province, et ce n'est pas facile ». En effet, elles étaient fort embrouillées : questions des impôts, de l'esclavage, de l'éléphant, des limites de territoires, des relations avec la rive droite. Il y avait aussi les mandarins, anciens ministres du Roi de Bassac, devenus sujets français par le traité de 1893, qu'il fallait amener à devenir des auxiliaires fidèles. Il visita tous les points de son territoire. Au cours de l'une de ses tournées, il parcourut cinq cents kilomètres tantôt à cheval, tantôt à pied, écrivit des rapports, dressa des cartes, vaccina les indigènes. Durant une tournée, il en inocula plus de mille. La petite vérole est un fléau qui décime les populations laotiennes; mais celles-ci ont une grande frayeur de la vaccination. Il faut donc commencer par les persuader, chose longue et malaisée. Lucien de Reinach parle en ces termes de son rôle : « J'arrive dans un village, je fais dire au chef pourquoi je viens, et qu'il faut réunir tout le monde. D'abord il fait la sourde oreille, celui qui ne comprend pas, et me dit que pour fêter mon arrivée, il va boire avec les autres une jarre d'alcool de riz. Je lui réponds que quand j'aurai vacciné on boira et lui fais répéter que je viens exprès pour cela. Il se produit alors un conciliabule entre les vieux du village pour savoir si on va appeler les gens; on finit par me dire : *Mais est-ce qu'il ne nous arrivera rien de malheureux si nous nous laissons vacciner? Est-ce que les diables ne vont pas être mécontents?* Je les rassure de mon mieux, mais ils reprennent : *Pourra-t-on manger du riz?* »

Le colonel Tournier a été le chef de Lucien de Reinach durant tout le temps que celui-ci a administré la province de Ban-Mouang. L'ancien Résident supérieur au Laos est l'auteur de la préface du Recueil de lettres que Lucien de Reinach a écrites d'Indochine à sa mère et à sa sœur. Nous extrayons de cette préface les lignes suivantes qui montrent ce qu'a été le fonctionnaire et l'homme :

« La tâche qui fut confiée à M. Lucien de Reinach était difficile et délicate : il devait non seulement organiser de toutes pièces l'administration, créer des moyens de communication dans ce pays qui en était totalement dépourvu, mais encore nous rallier les populations et les soustraire à l'influence des autorités siamoises qui dirigeaient l'administration du royaume de Bassac; ce ne fut qu'un jeu pour lui. Grâce à son activité, à son intelligence, à son extrême bonté qui n'excluait pas, quand il le fallait, une grande fermeté, il arriva rapidement à faire de sa province une des plus tranquilles et des plus prospères du Laos et les populations gagnées par sa droiture et son esprit de justice, se rallièrent franchement à nous et devinrent toutes dévouées. »

Et plus loin, le colonel Tournier présente son collaborateur comme un « homme charitable pour tous » et prodiguant, avec « un dévouement et un mépris du danger admirables » ses soins et ses encouragements aux malheureux indigènes atteints de choléra qui, chaque année, faisait son apparition dans le pays. »

M. Doumer a, lui aussi, vu de près Lucien de Reinach. Il a été son hôte à Ban-Mouang. Il a parcouru sa province, étudié sur place les procédés employés et les résultats obtenus par lui. Voici en quels termes il l'apprécie dans la préface qu'il a écrite pour l'édition posthume de son livre sur le Laos : « Lucien de Reinach était à peu près seul à garder le drapeau de la France dans toute l'étendue de la province. La force publique y était représentée par des milices indigènes peu nombreuses et médiocrement armées. Mais le jeune officier, dans son calme souriant, était le chef qui s'impose. Il avait su se faire craindre malgré la faiblesse de ses moyens de coercition, et se faire aimer, malgré le peu de ressources mises à sa disposition pour réaliser le bien désirable. Tant qu'il resta à Ban-Mouang, il n'y eut aucune rébellion, aucun trouble dans la région sur laquelle son autorité s'étendait. »

Mais quatre années passées au Laos avaient altéré sa

santé. Il dut demander un congé qu'il vint passer en France. Le colonel Tournier note, et nous l'avons entendu dire par ailleurs, que Lucien de Reinach laissa parmi ses administrés des regrets et des espérances qu'ils exprimaient à toute occasion. Quand le Résident supérieur, au cours de ses tournées, passait à Ban-Mouang, les autorités indigènes disaient : « Va-t-il bientôt nous revenir? » C'est que les mandarins avaient senti tout ce que Lucien de Reinach avait mis de loyauté et de bienveillante autorité dans son effort pour rallier à la France des hommes qui, hier encore, étaient Siamois; — c'est que les Laotiens pacifiés comme les sauvages obstinés dans leur défiance, avaient appris à respecter ce chef toujours sur leurs chemins, s'enquérant de leurs besoins, réglant les questions dans un constant esprit d'équité, se faisant médecin et vaccinateur, obtenant par la persuasion les résultats que d'autres eussent demandés à la force.

Voici Lucien de Reinach à Paris. Va-t-il se désintéresser des questions coloniales? Non pas! Muni et informé comme il l'était, ayant pris contact avec la réalité, il allait pouvoir servir dans la métropole la cause coloniale qui était la passion de sa vie. Il avait été nommé capitaine le 12 juillet 1901 et Chevalier de la Légion d'honneur le 14 juillet 1908.

Il obtint un congé de trois ans par décision ministérielle du 26 mars 1903 et fut attaché à l'Office Colonial pour s'y occuper de l'Indochine et au commissariat de la Section spéciale des Colonies et Pays de Protectorat de l'Exposition Universelle de Liège. Placé hors cadre, par décision ministérielle du 9 mai 1906, il était mis à la date du même jour à la disposition du Ministère des Colonies.

Lucien de Reinach avait servi la France au Laos. Il résolut de servir le Laos en France. Ce vaste pays était mal connu.

Nous n'y avions pas fait la guerre. L'attention de l'opinion métropolitaine n'avait pas été attirée par des victoires ou des revers. Il s'agissait d'une conquête pacifique de populations qui s'étaient données à une grande nation à laquelle elles demandaient protection et qui, pour l'instant, se soumettaient à la dictature de la bonté exercée par le colonel Tournier.

D'autre part, le Laos, privé de voies de communications terrestres, ne permettait pas aux pionniers du commerce et de l'industrie de s'avancer dans le pays pour en exploiter les richesses forestières ou minières. C'était le Laos mystérieux. Lucien de Reinach s'applique à faire connaître une contrée où il venait de passer quelques années de sa jeunesse laborieuse.

En 1901, il publia sur le Laos un ouvrage en deux volumes enrichis de belles illustrations. C'est l'histoire politique du Laos depuis le commencement du XVIIIe siècle, la géographie physique, le tableau de ses richesses naturelles, de l'effort de mise en valeur. Les mœurs et les coutumes des populations laotiennes, pacifiques, aimables, curieuses, sont peintes avec infiniment de justesse et de charme. Les possibilités économiques sont notées de la façon la plus prudente, la plus judicieuse; les erreurs dans l'ordre économique sont indiquées discrètement, ainsi que les moyens de les réparer d'après les leçons de l'expérience. La lecture attentive de ces deux volumes donne du pays une idée complète et exacte. Quant au style, il est sobre, précis, clair comme l'était l'esprit de l'auteur. L'ouvrage n'a pas été égalé. Il n'est pas un ami du Laos, fonctionnaire, commerçant ou colon, qui ne le possède dans sa bibliothèque.

La sœur de Lucien de Reinach a pensé que ce livre ne remplissait pas, à cause même de son importance, toutes les conditions d'une œuvre de vulgarisation. Avec le concours du regretté M. Chemin-Dupontès, chef du service de la statistique à l'Office Colonial, Mlle Juliette de Reinach a publié, revu et mis à jour une édition posthume — qui deviendra classique — des deux volumes parus en 1901. Cet ouvrage n'est pas le seul témoignage de l'activité de celui que M. Doumer a appelé un « vaillant serviteur de notre patrie ». Nous lui sommes redevables d'un autre livre qui présente aussi un grand intérêt pour tous ceux qui tiennent à connaître l'histoire de notre établissement en Indochine et de nos relations avec l'Extrême-Orient. Nous voulons parler du « Recueil des traités conclus par la France en Extrême-Orient ». S'il est vrai que le passé éclaire le présent et que le secret des événements de demain se trouve dans ceux d'hier, rien n'est plus instructif et fertile en suggestions que ce recueil où se déroule toute la série des documents diplomatiques qui marquent les étapes et les progrès, parfois aussi les reculs, de notre politique en Extrême-Orient. Aux traités conclus depuis 1873, il a annexé l'exposé des motifs ainsi que des extraits de la correspondance diplomatique. Ce Recueil devant conserver un caractère absolument impersonnel, il s'est interdit toute critique et même tout commentaire. L'inspiration patriotique d'un avertissement succinct, qui précède le livre, se suffit à elle-même; elle ajoute aux regrets qu'a laissés la fin prématurée de cette nature d'élite chez laquelle les sentiments d'un bon Français s'unissaient aux dons les plus précieux de l'intelligence.

Lucien de Reinach ne se contentait pas d'écrire sur l'Indochine, il servait pratiquement la cause coloniale. A l'Office Colonial il se plaisait à renseigner tous ceux qui songeaient à aller porter au loin leur activité; il lui était agréable d'éveiller la vocation de colon chez ceux qui lui semblaient réunir les qualités désirables; il s'intéressait à tous les visiteurs qu'il recevait, surtout aux humbles. Combien de fois a-t-il regretté l'inexistence d'une institution permettant d'assister toute une catégorie de coloniaux ou bien d'encourager des œuvres d'utilité générale. Cette lacune lui semblait fâcheuse, et il s'en ouvrait parfois aux siens. Ses paroles et ses regrets n'ont pas été oubliés.

La maladie dont Lucien de Reinach avait pris le germe en Indochine, affecta soudain une forme aigüe. Le 9 septembre 1909 il fut enlevé brusquement à la fleur de l'âge, alors qu'en pleine possession de ses facultés, il formait des projets d'avenir, au moment où il allait mettre en œuvre l'expérience acquise au contact des hommes et des choses.

Nous avons parlé de l'homme d'action, du soldat, du fonctionnaire et de l'écrivain. Ceux qui ont été ses amis aiment à évoquer sa physionomie morale. Son cœur était d'une infinie délicatesse. Il se sentait naturellement incliné à la bonté agissante. Il était l'ami le plus fidèle et le plus attentif et avait des prévenances qui ravissaient ceux qui en étaient l'objet. Dans l'ordre intellectuel ses goûts étaient affinés; mais il affectionnait les petits et il avait mille manières de les obliger. Il lui eût été loisible de vivre dédaigneux des vulgarités comme des souffrances. Il aima mieux remplir son devoir, suivant la conception qu'il s'en était faite. Au premier rang de ses obligations morales il plaçait celle qui consiste à servir son pays. Il estimait qu'en naissant tout homme, aussi humble que soit sa condition, a contracté une dette envers sa patrie. Il doit l'acquitter en utilisant, en perfectionnant toujours ses facultés, en les mettant au service de l'œuvre nationale. Par ailleurs, c'était un esprit libéral, d'une extrême tolérance. A Ban-Mouang, les missionnaires catholiques venaient lui demander des conseils et se plaisaient à reconnaître que sa bienveillance était inépuisable. Il y fêtait le 14 juillet en compagnie du Révérend Père Couasnon, qui aimait à parler du charme de son esprit. Il eût voulu que la concorde régnât parmi les hommes de bonne volonté et il pardonnait de grand cœur à ceux qui l'avaient méconnu. Il n'aimait pas à étaler ses sentiments personnels et proscrivait les manifestations vaines.

Il signalait parfois en causant les défaillances de l'État et aussi les lacunes que laissait subsister en cette matière l'initiative privée elle-même. Lorsque la mort vint le surprendre on s'aperçut qu'il n'avait rien prévu en faveur d'œuvres de ce genre. Mais ses paroles étaient restées dans l'esprit de celle qu'il savait capable de traduire sa pensée dans les faits, et qui vint nous confier ses projets. La « Fondation Lucien de Reinach » en assura la réalisation. Créée en février 1911, elle vient d'être reconnue comme Etablissement d'utilité publique, par décret du 3 août 1912.

Le Comité de la « Fondation Lucien de Reinach » s'efforcera de ne s'écarter jamais de la pensée de ses fondateurs et de porter a un haut degré de prospérité l'institution dont l'administration lui a été confiée.

J. Charles-Roux,
Président de l'Union Coloniale Française et
de la Fondation Lucien de Reinach.

PREMIER RAPPORT ANNUEL

SUR LE FONCTIONNEMENT DE LA

FONDATION LUCIEN DE REINACH

(Exercice 1911)

PRÉSENTÉ PAR

M. J. CHARLES-ROUX

Président de la Fondation (1).

Messieurs,

Depuis la création de l'Union Coloniale, en 1893, il y a déjà 19 ans, j'ai toujours regretté que l'élasticité de nos budgets ne nous ait pas permis d'en distraire une somme un peu ronde, destinée à secourir les coloniaux malades ou nécessiteux. Bien souvent, j'avais entretenu de cette intéressante question mon regretté prédécesseur, M. Mercet, et notre Directeur général, M. Chailley, qui étaient animés du même désir, mais nous étions malheureusement amenés à constater que nous n'aurions pu réaliser ce séduisant projet qu'au détriment du principal but poursuivi par notre Compagnie, but consistant, ainsi que vous le savez, dans la défense,

(1) Ce compte rendu a été communiqué par M. J. Charles-Roux à l'occasion du dîner mensuel de l'Union Coloniale Française du 27 février 1912.

dans la propagation de l'Idée Coloniale et la mise en valeur de notre immense empire.

Dans mes rêves d'avenir pour notre Compagnie, je souhaitais donc de tous mes vœux qu'une fée bienfaisante vînt à notre aide!

Eh bien! Messieurs, ce vœu est exaucé... La bonne fée est apparue, la regrettable lacune est comblée, et l'Union Coloniale, jusqu'ici confinée dans les travaux de science appliquée, dont je suis loin de méconnaître l'importance, va pouvoir aborder les œuvres de philanthropie et étendre, ainsi, le domaine de son action.

Je vous ai déjà dit quelques mots de cette bonne fortune, mais je vous demande la permission ce soir de vous en faire l'historique, et de vous mettre minutieusement au courant des résultats déjà obtenus.

Il y a plus d'un an, mon excellent collègue et ami, M. Xavier Charmes, me confia qu'une dame de sa connaissance, en souvenir d'un de ses proches parents (brillant officier de notre armée, mort prématurément après un long séjour en Indochine et auteur d'ouvrages remarquables sur le Laos et sur les traités conclus par la France en Extrême-Orient de 1684 à 1907) — désirait fonder une œuvre pour secourir les coloniaux civils et militaires, malades ou nécessiteux, — que cette dame, appréciant les travaux de l'Union Coloniale, serait désireuse de placer cette œuvre sous son patronage et qu'elle demandait à me voir pour étudier les moyens pratiques d'arriver à ses fins. Je me précipitai naturellement auprès de la bonne fée et, après une série d'entretiens, au cours desquels je fus charmé par sa vive intelligence, la hauteur de ses vues, son grand amour du bien public et son excessive modestie puisqu'elle m'imposa de taire son nom, nous arrêtâmes les grandes lignes du projet.

La Fondation serait placée sous le patronage de l'Union Coloniale. Elle porterait le nom du capitaine Lucien de Reinach et aurait une existence propre avec le caractère bien défini d'une œuvre d'initiative privée. Elle serait administrée par un Comité spécial, investi de toute la confiance de la bienfaitrice, et chargé de distribuer les fonds mis à notre disposition.

Assister pécuniairement les coloniaux sans fortune qui ont besoin de rétablir leur santé, secourir les veuves et les orphelins des coloniaux et pourvoir à leur instruction et à leur éducation; attribuer des prix et des médailles aux officiers, fonctionnaires, explorateurs, savants, commerçants, colons, ayant rendu les services les plus signalés à la cause coloniale; enfin, et très subsidiairement, consentir, moyennant un intérêt ne pouvant dépasser 3 o/o, des prêts à des Français désirant s'établir dans nos colonies et à des militaires libérés dans nos possessions : tel était le programme de l'organisation prévue, laquelle nous parut posséder toute la souplesse désirable et exempte de tout formalisme administratif incompatible avec la rapidité d'exécution nécessaire, indispensable même en matière d'assistance individuelle. Enfin la Fondation intervenant, d'une part pour secourir les coloniaux vaincus par le climat ou les circonstances contraires, pour aider exceptionnellement ceux qui allaient aux colonies et se recommandaient par leur mérite, et d'autre part pour récompenser les grands ouvriers de la cause coloniale, dont la carrière, souvent ignorée du public, devait être donnée en exemple, nous sembla procéder d'une conception bien adéquate aux principes que nous avions toujours défendus.

L'Institut de Médecine Coloniale, à la création duquel l'Union a puissamment aidé, voulut bien promettre son concours à la Fondation naissante, pour les soins à donner aux malades et l'indication des stations balnéaires ou champêtres vers lesquelles ils devraient être dirigés. Le Touring Club de France, de son côté, nous promit, avec une bonne grâce parfaite, son précieux concours ; la fée, satisfaite de ce programme, me remit une somme de 30.000 francs, que je versais à la Société Marseillaise, dans un compte spécial, et le Comité fut composé de personnalités suivantes :

Présidente d'honneur : la Bienfaitrice.

Président : le Président de l'Union Coloniale Française.

Vice-Présidents : le prince Auguste d'Arenberg, membre de l'Institut, président du Comité de l'Afrique Française;

M. Sénart, membre de l'Institut, président du Comité de l'Asie Française ;

M. Xavier Charmes, membre de l'Institut, administrateur de la Compagnie du canal de Suez;

M. le professeur Le Dentu, membre de l'Académie de médecine, professeur honoraire de la Faculté de médecine de Paris. Président du Comité de direction de l'Institut de Médecine Coloniale.

Trésorier : M. Bazin, trésorier de l'Union Coloniale, administrateur-directeur de la Société Marseillaise.

Membres : M. J. Chailley, député, directeur général de l'Union Coloniale Française;

M. Paul Dislère, président de Section honoraire au Conseil d'Etat ;

Le général Dodds, ancien membre du Conseil Supérieur de la Guerre ;

M. Emile Maurel, de la maison Maurel et Prom, administrateur de la Compagnie du Chemin de fer d'Orléans ;

Me Sabatier, membre de l'Institut, ancien président de l'Ordre

des Avocats au Conseil d'Etat et à la Cour de cassation;
M. Simon, administrateur-directeur général de la Banque de l'Indochine;
M. Tambour, président du Conseil d'administration de la Société « Le Nickel ».
Secrétaire : M. Denoual, chef de service à l'Union Coloniale.

Il était difficile de réunir un groupe d'hommes plus éminents à tant de titres et je les remercie du fond du cœur de leur dévouement. Je tiens également à témoigner toute ma gratitude à M. Denoual, pour son active et intelligente collaboration.

Dans sa première réunion, le 17 février 1911, le Comité détermina sa méthode de travail et, en matière de secours, ceux-ci devant revêtir presque toujours un caractère marqué d'urgence, il nomma une commission spéciale chargée de statuer sur les situations qui lui seraient signalées, et qui, toujours, font l'objet de renseignements puisés aux sources les plus sûres et les plus désintéressées. Telles sont les règles générales qui ont présidé à la distribution des premiers 30.000 francs à nous confiés et vous me permettez de vous fournir quelques indications sur la qualité des personnes que nous avons eu la grande satisfaction de secourir.

Des subventions variant de 1.000 à 5,000 francs ont été accordées à la veuve d'un médecin français, mort héroïquement en Mandchourie en cherchant à enrayer la marche de la peste; à la veuve d'un administrateur de mérite, assassiné en Guinée par un musulman fanatique qui cherchait à fomenter une agitation religieuse; à la veuve d'un de nos agents consulaires les plus zélés, décédé à son poste après 17 ans et demi passés en Chine, et qui eût, au siège de Pékin, une conduite particulièrement courageuse, attestée par M. Pichon;

à Mme X... dont le mari, un de nos officiers supérieurs les plus distingués, est mort à Hanoi ; à une autre veuve d'un médecin-major des troupes coloniales, décédé au Tonkin des suites d'une maladie endémique contractée en service commandé, et qui ne craignait pas d'aller de case en case afin de porter secours à la population indigène.

Une somme totale de 3.285 francs a éte accordée, soit à des veuves de fonctionnaires restées sans ressources jusqu'à la liquidation de leur pension, soit à des femmes d'agents venus en congé et disposant d'une solde d'Europe notoirement insuffisante. Ici nous nous sommes trouvés maintes fois en face de misères navrantes.

Nous avons secouru d'anciens employés de commerce tombés malades, secouru les uns jusqu'à ce qu'ils eussent retrouvé des moyens d'existence et permis aux autres de se soigner jusqu'à leur guérison. Actuellement, la Fondation assure la subsistance d'un homme, dont la détresse nous fut signalée par un de nos collègues d'Indochine. Par son passé et par sa valeur, il est digne de toute la bienveillance de ceux à qui nous le recommanderons pour un emploi.

Nous avons eu à nous occuper d'un ancien caporal d'infanterie coloniale, réformé à la suite de blessures reçues au cours d'opérations militaires au Tonkin. Au combat du 13 août 1909, à Bâch-Dâ, il fut blessé au moment où, porteur d'une lettre du lieutenant La Cabane pour le capitaine Grémillet, il arrivait près de cet officier. Il reçut un autre coup de feu pendant l'attaque du village de Bâch-Dâ, occupé par les bandes du De-Tham. Décoré de la médaille militaire pour sa belle conduite, il se trouvait au bastion 84, administré par la Société de secours aux blessés militaires, lorsqu'il s'adressa à nous. M. le Dr Tanon, professeur à l'Institut de Médecine Coloniale, estima qu'il devait être soumis à un traitement mécanothérapique et électrique et suivre une cure d'eau minérale. Mais il n'avait pas les ressources nécessaires pour exécuter les prescriptions du médecin. La Fondation a permis à ce brave caporal de se rendre à Bourbonne-les-Bains. Nous l'y avons installé sur les indications fournies par le Touring-Club de France, dont le délégué, M. le Dr Bourguignon, Président de la Société des Thermes, lui a accordé la gratuité du traitement balnéaire et celle des soins de l'un de ses médecins consultants. Le caporal, presque guéri, est retourné dans son pays, auprès de sa mère, et il a maintenant la certitude de pouvoir travailler.

Autre exemple : le 30 avril, le soldat de 1re classe Perrin, était assassiné au Laos. Dans un rapport du 21 juin 1911, M. le général Pennequin parle en ces termes de la mort de ce brave : « Chargé d'aller installer des signaux géodésiques dans une région inexplorée des montagnes de l'Annam, il a fait preuve de beaucoup d'énergie et de dévouement dans des circonstances très difficiles et est mort assassiné par des indigènes, encore à l'état sauvage, en accomplissant son devoir. »

Et M. le colonel Aubé, chef du Service géographique de l'Indochine, nous écrivait : « Je crois entrer dans les intentions de la généreuse donatrice et rester fidèle à la mémoire de mon regretté camarade de promotion (Lucien de Reinach) en signalant tout d'abord un brave soldat tombé victime de son devoir alors qu'il prenait part à une mission géodésique au Laos. Le nom de Perrin mérite d'être inscrit parmi ceux des hardis pionniers qui, comme le capitaine de Reinach, ont tenu à l'honneur de frayer le chemin en Indochine, à la civilisation. »

Nous avons procédé immédiatement à une enquête sur la famille de Perrin et avons appris que son père était décédé le 18 juin 1911 et qu'il aurait fini ses jours dans la misère s'il n'avait été recueilli par son gendre, modeste ouvrier charron, qui a déjà trois enfants en bas âge à sa charge. Aussi nous sommes-nous empressés d'adresser un secours de 300 francs à ce vertueux citoyen, et nous le renouvellerons, s'il y a lieu.

M. Le Myre de Vilers, dont vous connaissez les services éclatants, appela notre attention sur ce fait que les soldats des troupes coloniales et de la légion étrangère, rapatriés chaque année par l'Indochine, ne reçoivent que 1 fr. 25 par jour, jusqu'à ce qu'ils aient trouvé des moyens d'existence. Or, il n'est pas rare de voir de ces anciens soldats, décorés de la médaille militaire, tendre la main aux passants. La Croix-Rouge les hospitalise au Refuge du bastion 84, boulevard Kellermann, leur cherche du travail ou un emploi. Le président actuel de l'œuvre du Refuge est notre collègue M. le général Dodds. Cette institution dont le but est si louable et l'utilité si grande, dispose d'un budget insuffisant et précaire. Nous n'avons pas hésité à créer quatre lits au Refuge du bastion 84, qui peut désormais compter sur une recette annuelle de 2.400 francs. M. le Myre de Vilers a remercié notre Comité par une lettre où il s'exprime en ces termes :

« La Fondation Lucien de Reinach, en se chargeant de l'entretien de quatre lits au bastion 84, a accompli une œuvre d'une véritable portée politique, car beaucoup de pensionnaires de ce refuge militaire sont des soldats de la légion étrangère, retour d'Indochine, libérés ou en instance de liquidation de retraite. » Et dans une autre lettre plus récente, M. Le Myre de Vilers ajoutait : « Je ne saurais trop vous remercier, ainsi que les membres de votre Comité, du libéral concours que vous prêtez à une œuvre dont vous avez assuré le fonctionnement régulier. Grâce à vous, plusieurs centaines de braves soldats sont mis à l'abri de la misère et du vagabondage. »

La Fondation a consenti divers prêts.

Sur les propositions motivées du général Pennequin, deux militaires libérés en Indochine et qui s'y établissent, ont obtenu : le premier, une avance remboursable de 1.150 francs, le second, une avance également remboursable de 500 francs. D'autre part, il a été consenti deux prêts à des agents de l'administration coloniale ; leur situation de famille étant particulièrement digne d'intérêt.

Messieurs,

La Fondation, pour se conformer à la pensée de celle qui l'a instituée, devait récompenser les hommes qui ont servi la cause coloniale avec le plus d'éclat. En 1911, notre attention s'est portée sur l'Indochine. A la fin de cette année, notre Comité examinera plus particulièrement les titres de ceux, militaires et civils, qui se sont distingués soit au Maroc, soit en Afrique occidentale et équatoriale par la part qu'ils ont prise à la pacification et à l'évolution économique de ce pays.

Nous avons décerné dix médailles gravées par M. Georges Lemaire, artiste du plus grand talent, que j'ai le plaisir de voir à cette table et que je suis heureux de féliciter de ce beau travail.

Voici les noms des lauréats de nos six grandes médailles d'or : M. *Pavie*, ancien Ministre plénipotentiaire; M. le général *Servière*, ancien Commandant du 3e corps d'armée; M. le colonel *Tournier*, ancien Résident supérieur au Laos; M. l'ingénieur en chef *Getten*, directeur général de la Compagnie française des chemins de fer de l'Indochine et du Yunnan; M. le docteur *Calmette*, directeur de l'Institut Pasteur de Lille; M. le commandant *Scherdlin*, du Service géographique de l'Indochine.

Une médaille d'or (petit module) a été décernée à M. le capitaine *Charras*, du Service géographique de l'Indochine.

Une médaille d'argent (grand module) à M. le lieutenant *Paris*, du Service géographique de l'Indochine, et une médaille d'argent (petit module) au sergent *Bonnin* du Service géographique de l'Indochine.

Enfin, le Comité a attribué des prix en espèces à MM. les lieutenants de vaisseau en retraite, *Simon* et *Mazeran*; à M. *Salé*, ancien commissaire du gouvernement au Laos, publiciste; à M. *Fèvre*, professeur à l'Ecole Normale d'instituteurs de Dijon.

Nous avons exposé dans des notices lues au Comité, qui seront publiées et dont vous recevrez un exemplaire (1), les titres qui ont valu aux hommes cités plus haut les récompenses de la Fondation. Le Comité, dans l'appréciation des services, s'est placé en dehors et au-dessus de tout ce qui est étranger au vrai mérite. En effet, tous les coloniaux sont unanimes à proclamer la beauté de la longue carrière de M. *Pavie*, dont le nom est mêlé à tous les événements notables qui se sont produits en Indochine, de 1885 à 1905. M. le général *Servière*, qui fut le chef de M. Lucien de Reinach, après avoir pris une part brillante à la conquête du Tonkin, après avoir assuré la pacification des régions de Lang-Son, de Chora et de Cao-bang, manifesta les qualités les plus rares comme Président de la Commission d'abornement de la frontière sino-annamite. M. le colonel *Tournier* s'est

(1) On trouvera ces notices ci-après, p. 37 et suiv.

montré un maître en fait de politique indigène, au Laos, qu'il a administré durant près de dix ans, et où il a déployé une prodigieuse activité. M. l'ingénieur en chef *Getten*, en construisant le chemin de fer du Yunnan, malgré d'énormes difficultés, a réalisé une œuvre technique magnifique, qui a forcé l'admiration des ingénieurs étrangers qui l'ont visitée. Il est, d'autre part, un chef qui allie l'énergie, dans son expression la plus haute, à l'extrême bonté, car il a voulu que la grande médaille d'or qui lui est décernée fût une récompense accordée non seulement à lui-même, mais à tous ses collaborateurs. M. le *Dr Calmette*, continuateur de Pasteur, a justement conquis une grande notoriété scientifique et personne n'a plus que lui contribué à accroître la richesse de nos colonies et à en améliorer les conditions d'habitat. C'est à M. le commandant *Scherdlin*, de l'arme du génie, depuis sept ans en Indochine, à qui l'on doit la majeure partie du réseau géodésique étendant ses mailles serrées sur tout ce groupe de nos possessions. M. le capitaine *Charras*, distingué topographe, en est à sa sixième campagne technique et commande actuellement une brigade de la carte au 1/80.000 en Annam. Le lieutenant *Paris* compte quatre campagnes topographiques, et le sergent *Bonnin* huit campagnes géodésiques.

Enfin, les noms de MM. *Simon* et *Mazeran* demeureront mêlés à l'histoire des travaux ayant pour but l'amélioration de la navigabilité du Mékong. Le courage et la science dont ils ont fait preuve au cours de leur périlleuse mission les placent au premier rang de ceux qui ont le mieux servi la cause de la France, dans la partie de l'Indochine qu'arrose le Mékong.

M. *Fèvre*, professeur à l'École Normale d'instituteurs de Dijon, a publié, seul ou en collaboration, des ouvrages estimés sur notre empire colonial; il a créé une correspondance de presse envoyée à 300 journaux de province; il y écrit sur les questions coloniales des articles d'excellente vulgarisation.

D'autre part les légionnaires de 1re classe *Kiefer* et *Riepp*, du 1er régiment, sont de vieux soldats dont le courage et l'esprit de discipline nous ont été signalés par l'autorité militaire. Ils ont reçu des gratifications spéciales.

Messieurs,

Nous n'avions pas tout d'abord l'intention de subventionner des œuvres scientifiques. Le Comité avait, en effet, considéré que cet objet ne rentrait pas dans ses attributions. Sur une suggestion de notre bienfaitrice, nous avons été amenés à examiner une question se rapportant aux œuvres médicales d'influence française en Chine et le Comité de la Fondation l'a tranchée suivant le vœu qui nous avait été exprimé.

Il s'agit de l'Institut bactériologique de Tien-Tsin. Vous savez, Messieurs, que les œuvres médicales constituent l'un des moyens les plus efficaces pour développer l'influence française en Orient et en Extrême-Orient. Près de notre Indochine, au Yunnan, dans le Setchouen, à Canton, dans l'île de Haï-Nan, à Pakoï, à Hankéou, à Tien-Tsin, nos médecins prodiguent leurs soins aux Chinois. En répandant les bienfaits de notre médecine et de notre chirurgie, ils font aimer notre pays.

Il suffit de rappeler les noms du Dr *Gérald Mesny*, dont la mort, à Kharbine, a excité dans le pays un sentiment d'admiration; les dangers auxquels a échappé le Dr *Legendre*, l'ancien chef de la mission médicale de Setchouen; la mission de M. le *Dr Jeanselme*, professeur à l'Institut de Médecine Coloniale qui, sans escorte, grâce au seul ascendant moral que lui donnait sa science, a traversé la Chine méridionale, la Birmanie, parcouru les diverses parties de l'Indochine, notamment le Laos, sans susciter les défiances de populations violemment hostiles à notre civilisation.

En Extrême-Orient, notre influence, vous le savez, est activement combattue. Je pourrais, si le tepms ne me faisait défaut, et si je ne craignais d'abuser de votre attention, vous citer maints exemples de l'activité de nos rivaux. Que fait la France? — Hélas ! Peu de chose. Le ministère des Affaires étrangères ne dispose que de ressources très insuffisantes et il est indispensable que l'initiative privée joue son rôle — cette initiative privée, Messieurs, que certains politiciens ont le grand tort de battre en brèche, et qu'il faudrait, au contraire, encourager et énergiquement soutenir. M. Robert Lebaudy, à qui l'Union Coloniale envoie l'expression de sa gratitude, a attaché son nom à de nombreuses œuvres médicales en Chine. C'est lui, notamment, qui a permis à la Légation de France de commander un matériel de bactériologie, d'une valeur de 15.000 francs, pour créer, à Pékin, un Institut bactériologique.

Ce matériel, arrivé à Pékin, restait inutilisé. L'hiver dernier, éclata en Mandchourie une terrible épidémie de peste pneumonique. Elle atteignit Kharbine, gagna le Petchili, arriva à Tien-Tsin. La force de la maladie était telle, sa transmission si rapide, que l'Europe put, à un moment, craindre le retour de la peste noire du XVIe siècle. Fort heureusement cette épidémie cessait au mois d'avril. Elle avait fait 60.000 victimes. Le gouvernement impérial comprit, un peu tardivement, l'utilité des mesures sanitaires que prennent les pays d'Europe, le Japon, l'Amérique. Il songea à avoir un personnel médical, des hôpitaux, des laboratoires.

Quand notre ministre à Pékin, M. de Margery, offrit au vice-roi du Petchili le matériel Lebaudy, resté en souffrance à Pékin, le vice-roi accepta avec empressement. Il fut convenu qu'un médecin français, envoyé spécialement en Chine, organiserait à Tien-Tsin un institut bactériologique destiné à lutter d'abord contre la peste, ensuite contre le choléra, la variole, la rage, et destiné à l'étude et à la prophylaxie des autres maladies de l'homme et des animaux. Et le vice-roi Tchen-Kouet-Tong adressa à l'empereur un rapport faisant connaître qu'il avait donné l'ordre de créer un institut bactériologique au Peiyang, d'engager un médecin français, d'élaborer des règlements, de choisir l'endroit où l'on procéderait à des essais.

Le rapport du vice-roi eut un commencement d'exécution, mais la révolution, éclatant soudain, remit tout en question. Cependant, un bâtiment provisoire et des laboratoires furent construits. Ils pourraient être utilisés, s'il y existait une bibliothèque.

M. le Dr Broquet, qui a mis cette organisation sur pied, nous a dit le chagrin qu'il éprouvait en voyant toutes les initiatives devenir stériles par suite de l'absence de cet instrument de travail et de diffusion. Aussi le Comité a-t-il décidé de mettre à la disposition de ce distingué spécialiste la somme de 7.000 francs, jugée nécessaire pour acquérir une bibliothèque permettant à l'Institut bactériologique de Tien-Tsin de fonctionner, de former des médecins chinois, qui répandront dans leur pays les méthodes de l'illustre Pasteur et imposeront, par la seule force de la science, le respect du nom français.

En résumé, l'emploi de la somme de 30.000 francs confiée

au Comité de la Fondation, au cours de sa première année d'existence, se trouve justifié par les chiffres suivants :

1° Indemnités à des veuves d'officiers ou de fonctionnaires sans fortune morts aux colonies. . .	9.500
2° Secours à des coloniaux malades ou nécessiteux.	3.285
3° Subventions à des œuvres d'assistance coloniale.	2.400
4° Prêts à des coloniaux momentanément dans la détresse ou à des soldats désireux de s'établir dans la colonie où ils ont été libérés.	2.800
5° Récompenses sous la double forme de médailles ou de prix en argent, à des hommes qui, appartenant aux carrières les plus diverses, ont rendu à la cause coloniale des services signalés. .	4.500
6° Subvention à des œuvres scientifiques propres à développer l'influence Française.	7.000
Total. . . . . fr.	29.485

Nous avons demandé au gouvernement que la « Fondation Lucien de Reinach » fût reconnue comme Etablissement d'utilité publique. Le 20 juin 1911, le dossier réglementaire a été adressé à M. le préfet de la Seine. Le 4 juillet 1911, M. le ministre des Colonies nous faisait savoir qu'il transmettait notre requête au Conseil d'Etat. La haute juridiction administrative nous a demandé d'apporter au projet de statuts quelques modifications. Nous nous sommes conformés à ses désirs et attendons maintenant la décision du Conseil d'Etat, qui sait que le Comité de la « Fondation Lucien de Reinach » n'a d'autre but que de servir la cause coloniale et le bien public.

Quand cette institution sera reconnue d'utilité publique, nous espérons que d'autres personnes généreuses, par de nouvelles libéralités, nous permettront de soulager encore plus de misères et de récompenser encore plus de services.

D'ailleurs, notre bonne fée n'a pas attendu la décision du gouvernement pour accroître les ressources de l'œuvre. Pour 1912, comme pour les années suivantes, la Fondation disposera non plus de 30.000 francs, mais de 50.000 francs par an.

Nous ne devons pas nous séparer, Messieurs, sans adresser à la mémoire de M. Lucien de Reinach l'hommage de notre gratitude, et sans assurer de notre profonde reconnaissance celle qui a réalisé sa pensée. Ainsi que j'ai eu l'honneur de vous le dire, elle veut que son nom demeure ignoré; mais elle sait prendre une part personnelle très active à l'administration de l'œuvre. C'est elle qui, avec un tact exquis, nous a suggéré plusieurs, et j'ajouterai les meilleures, de nos décisions.

Jusqu'ici, le Comité a presque toujours cherché, par ses propres moyens, les occasions d'exercer son action bienfaisante, mais il a besoin qu'on l'aide. Il a le désir de ne pas se borner à l'Indochine, mais de rayonner dans tout notre empire colonial, et nos ressources nous le permettront cette année.

Présidant la première séance de notre Section de Madagascar, je demandais à mes collègues de nous signaler toutes les situations susceptibles de motiver notre intervention. La même communication a été faite par notre directeur général aux autres sections de l'Union Coloniale. Précédemment, M. le Ministre de la Guerre avait bien voulu autoriser M. le général commandant supérieur des troupes de l'Indochine à nous indiquer les officiers et soldats qui seraient dans les conditions voulues pour bénéficier des secours de la Fondation. A la date du 25 août, M. le général Pennequin nous a adressé des propositions établies avec le plus grand soin. Nous l'en avons déjà remercié et nous tenons à le faire publiquement aujourd'hui.

Eh bien! Messieurs, c'est à vous tous que je demande d'être nos collaborateurs. Veuillez nous indiquer tous les cas méritant d'attirer notre attention, et vous vous associerez tous ainsi à notre œuvre éminemment patriotique et humanitaire.

Jusqu'à présent, ainsi que j'avais l'honneur de vous le dire au début de mon discours, l'Union s'était bornée à préconiser une politique coloniale conforme aux grandes traditions de la France; aujourd'hui, grâce à la Fondation Lucien de Reinach, elle pourra soulager les souffrances, tendre une main secourable aux vaincus de la vie coloniale, ajouter enfin un nouveau fleuron à sa couronne. Et ce sera là, Messieurs, un des souvenirs les plus doux, les plus réconfortants de mon passage à la présidence de notre chère Compagnie.

Assistaient au dîner :

MM. le général Archinard, commandant le corps d'armée des troupes coloniales; Brouilhet, secrétaire général de la Compagnie française des chemins de fer de l'Indochine et du Yunnan; Henry E. Boissière, directeur du *Courrier maritime de France*; D[r] Ch. Broquet, de l'Institut Pasteur, directeur de l'Institut bactériologique de Tien-Tsin; Gaston Bathey, de l'*Eclair*; Branet, directeur général des douanes; Carrier, directeur de la Société le Nickel; Eugène Buhan, président de la Section de Madagascar et des Comores de l'*Union coloniale française*; de Bennetot, attaché au service du contentieux de la Banque de Paris et des Pays-Bas; J. Charles-Roux, président de l'*Union coloniale française*; Courtois, prospecteur à Madagascar; J. Chailley, député, directeur général de l'*Union coloniale française*; Catoire, directeur des Grands Bazars de Betsileo; Ludovic de Contenson, secrétaire général du *Comité de l'Asie française*;

MM. Ch. Depincé, chef de service à l'*Union coloniale française*; Lucien Delignon-Buffon, négociant; G. Denoual, chef de service à l'*Union coloniale française*; Damez, directeur de l'agence du *Nouvelliste de Lyon*; général Dodds, ancien membre du conseil supérieur de la guerre; Durand, de l'Agence Havas; Jules Ellier; J.-H. Franklin, du *Comité de l'Asie française*; Gallut, inspecteur des finances; Maxime Girard, rédacteur au *Figaro*; colonel Guillaumet, commandant le 5e régiment d'infanterie; Fernand Hauser, du *Journal*; Josset, notaire; Edouard Kahn;

MM. Désiré Korda, ingénieur, directeur général de la Compagnie des mines d'Ain-Barbar (Algérie); général Lasserre; Dr A. Le Dentu, professeur honoraire de la Faculté de médecine, membre de l'Académie de médecine; Lacour Gayet de la Compagnie des chemins de fer de Bône-Guelma et prolongements; Lhotte, de l'Agence africaine; Georges Lemaire, sculpteur-graveur; J. Le Cesne, administrateur délégué de la Compagnie française de l'Afrique occidentale; Lefèvre-Pontalis, ministre plénipotentiaire de France au Siam; Le Myre de Vilers, ambassadeur honoraire; baron de la Longuinière, attaché au secrétariat de la Banque de Paris et des Pays-Bas; A. Meney, de *La France de Bordeaux*; Mazeran, ancien lieutenant de vaisseau; Martineau, gouverneur des colonies, directeur de l'*Office colonial*; Ernest Meyer, conseiller d'Etat;

MM. A. Milhe-Poutingon, chef de service à l'*Union Coloniale française*; général comte de Nouë; Noufflard, gouverneur des colonies; Auguste Pavie, ministre plénipotentiaire; Charles Palant, administrateur en chef des colonies; Pierre Pégard, publiciste; E. Payen, rédacteur au *Journal des Débats*; Régnier, chef du secrétariat de l'Académie des sciences morales et politiques; Roume, ancien gouverneur général de l'Afrique occidentale française; Salesses, gouverneur des colonies; Emile Sénart, membre de l'Institut, président du *Comité de l'Asie française;* Simon, administrateur-directeur de la Banque de l'Indochine; Séguin, administrateur délégué de la Société de l'Ouest africain; Sauvé, rédacteur au *Journal des Débats*, Sully-Brunet, de l'Agence Fournier;

MM. Paul Trouillet, directeur de la *Dépêche coloniale*; Thébault, des *Annales coloniales*; colonel Tournier, ancien résident supérieur au Laos; Gaston Trélat, directeur de l'Ecole spéciale d'architecture; Dr L. Tanon, professeur à l'Institut de médecine coloniale; Ch. Testut fils, industriel; Maurice L. de Vilmorin, administrateur du Jardin colonial.

MÉDAILLES

DÉCERNÉES PAR LA FONDATION

au cours de son premier exercice.

M. le Général SERVIÈRE

M. Servière, Armand-Théodore, général de division (réserve); grand croix de la Légion d'Honneur, est né en 1842. Il était sous-lieutenant en 1867. Il a fait la campagne du Mexique, celle de 1870-71 et toutes celles d'Algérie où il est actuellement retiré. Parti au Tonkin comme commandant du 2e Bataillon d'Afrique, il a pris une large part à la conquête de ce pays. Il y revint en 1888 en qualité de colonel commandant le 4e régiment de Tirailleurs tonkinois.

M. le général Servière, — alors colonel — à partir de 1891, procéda à l'organisation des cercles de Lang-Son, de Cao-Bang et de Ha-Giang. Il y déploya des qualités éminentes grâce auxquelles il pacifia la région. Son activité fut prodigieuse et il avait des populations indigènes une connaissance parfaite. Ses instructions étaient toujours d'une grande précision et tout ce qu'il ordonnait était inspiré par les conditions particulières du milieu où il se trouvait. C'est en alliant, dans une proportion harmonieuse, l'expérience du chef militaire aux enseignements d'une bonne politique indigène, qu'il obtint des résultats qui ont résisté à l'épreuve du temps. Il avait alors sous ses ordres M. le commandant Tournier qui commandait la région de Cao-Bang et M. Lucien de Reinach qui commandait la cavalerie indigène à Lang-Son. M. le général Servière avait pour ces deux collaborateurs une affectueuse estime qu'il exprimait en toute occasion. Ceux-ci avaient pour leur chef une affection et un dévouement profonds. La réciprocité de pareils sentiments honore ceux qui les éprouvent comme elle permet d'accomplir toutes les tâches, si rudes qu'elles puissent être.

En 1892, M. le général Servière fut nommé Président de la commission d'abornement de la frontière sino-annamite. Cette mission extrêmement délicate a été conduite d'une façon très remarquable. Il avait à s'entendre avec les autorités chinoises pour la détermination des points où devait passer la frontière et où des bornes devaient être placées. Les opérations qui s'effectuèrent entre le fleuve Rouge et la Rivière Noire furent pleines de difficultés. Il avait à disperser les bandes de pirates, à déjouer les ruses des autorités chinoises, à rassurer les populations qui venaient de passer sous notre domination. Le colonel Servière réunit à un très haut degré les qualités du chef militaire, du diplomate, du technicien. Il fit triompher les intérêts français bien plus par l'ascendant moral que par la force des armes. Il a consacré trois années à l'œuvre dont ses anciens collaborateurs parlent avec une affectueuse admiration.

Rentré en France comme général de brigade, il reçut les trois étoiles et les commandements des 3e corps (Rouen) et 19e (Algérie). C'est en Algérie qu'il fut atteint par la limite d'âge.

M. le général Servière continue d'habiter l'Algérie où une grande partie de sa belle carrière s'est écoulée. Dans cette France africaine, qu'il aime de toute son âme, il se plaît à deviser des événements auxquels il a été mêlé en Indochine, à parler surtout des officiers qui l'ont aidé à accomplir son œuvre. Il n'oublie que de parler de lui-même. M. le colonel Tournier représente ces officiers parmi nous. M. Lucien de Reinach avait pour M. le général Servière une affection profonde parce qu'il avait su apprécier le talent du chef et la noblesse de caractère de l'homme; et il aimait à placer sous son patronage moral des idées, des projets que la destinée ne lui a pas permis de réaliser.

La grande médaille d'or décernée à M. le général Servière aura l'approbation unanime et elle sera en même temps un hommage rendu à la mémoire de l'officier, du bon français qui fut son collaborateur et son ami, M. Lucien de Reinach.

M. PAVIE

M. Auguste-Jean-Marie Pavie est né à Dinan, le 31 mai 1847. C'est un fils de cette Bretagne qui donne à nos colonies des pionniers et des soldats résistants, obstinés, courageux, idéalistes aussi. Cette race celtique a une faculté admirable de dévouement et d'abnégation. Si elle a le culte du souvenir, elle a, au même degré, le culte des nobles idées. M. Pavie a toujours été un breton intégral. Il a eu les plus fortes qualités de la race, et, aujourd'hui c'est dans sa vieille province qu'il vient, non pas se reposer, car il ignore le loisir, mais travailler encore pour mieux faire connaître son cher Laos.

Engagé volontaire le 13 mai 1864, il part pour l'Indochine le 25 octobre 1868 en qualité de sergent-fourrier. Il entrait dans l'administration en novembre 1869, mais revenait peu après en France pour prendre part à la guerre contre l'Allemagne. Il était réintégré dans l'administration des Télégraphes en Cochinchine le 19 juin 1871. En 1885 il est fait Chevalier de la Légion d'Honneur. Vice-consul en 1885, Consul et Officier de la Légion d'Honneur en 1889, Consul général en 1892; il est Ministre plénipotentiaire et Commandeur de la Légion d'Honneur depuis 1896. En 1904, il était élevé à la première classe de son grade, promu Grand Officier de la Légion d'Honneur; il demandait et obtenait sa retraite en 1905. Cette belle carrière était la consécration d'un mérite éclatant. Nous allons résumer brièvement la vie de l'homme éminent que la Fondation récompense aujourd'hui.

Aprés dix ans de séjour en Cochinchine et au Cambodge, passionné pour le pays, curieux de ses habitants, il obtint de partir en exploration, à ses frais, et commença l'étude de la carte du Cambodge. Nous sommes en novembre 1872. Il achevait la carte du Cambodge et du Siam au moment où éclatait la révolte de 1885.

M. Pavie part alors en mission de pacification avec M. Klobukowski et le second roi du Cambodge (aujourd'hui Sisowath). Après l'heureux résultat de cette mission, il rentra en France, y conduisant le groupe de jeunes indigènes qui formera l'Ecole cambodgienne, transformée plus tard en Ecole coloniale. Puis il est nommé

Vice-consul à Luang-Prabang. Nous avions, à ce moment, des difficultés au Tonkin avec la Chine. Il était nécessaire d'être renseigné sur les régions voisines de nos premiers postes où les Pavillons Noirs étaient établis et où le Siam envoyait des soldats, installait des agents. M. Pavie, malgré les difficultés de toutes sortes que lui créent les Siamois, atteint Luang-Prabang (11 février 1887) et tente de passer au Tonkin en mars 1887. Mais Déo Van Try, un chef de bande devenu plus tard un des lieutenants de Dé Tham, et les Has voulant tirer vengeance des Siamois envahissent le Laos et détruisent Luang-Prabang. M. Pavie, qui a pu sauver le vieux roi, l'accompagne à Paklay avec toute la population. C'est alors que notre éminent compatriote commence la conquête des cœurs laotiens : la sollicitude dont il entoure le roi et sa famille, les soins qu'il prodigue aux blessés et aux malades, la bienveillance qu'il manifeste à tous font de lui l'ami des indigènes qui lui donnent les marques d'une vive affection, si bien qu'en dépit des obstacles de toute nature, et après avoir conduit le roi au bord du Ménam, il peut arriver au Tonkin. Le 16 février 1888, il parvient à joindre, à Muong Huoc, à travers les bandes de Pavillons Noirs, les troupes françaises commandées par le colonel Pernot.

Pour revenir au Laos, M. Pavie remonte la Rivière Noire en la relevant. Il descend à Luang-Prabang, ramenant à sa suite les troupes siamoises venues pour occuper le pays et auxquelles il arrive à imposer la retraite. Là il rencontre le capitaine Cupet, qui deviendra un de ses meilleurs collaborateurs. Il s'applique alors à obtenir la soumission des Pavillons Noirs cantonnés sur les frontières du Tonkin. Il accomplit son dessein par la persuasion et emmène une députation de leurs officiers à Hanoï.

Un groupe d'auxiliaires lui est adjoint en juillet 1888; parmi eux se trouve le commandant Pennequin, qui aura un rôle admirable dans l'organisation du pays et qui reconduira en Chine toutes les compagnies de Pavillons Noirs désormais soumises. Et avant de regagner le Laos, M. Pavie obtient encore la soumission de Déo Van Try et l'évacuation de toutes les régions du Nord occupées par les Siamois; il ramène à Luang-Prabang les femmes et les enfants enlevés en juin 1887, lors de la prise de cette ville. Enfin, avant de rentrer dans sa patrie, en mai 1889, il délivre des Siamois la région qu'ils occupent près de Vinh et y établit un poste français.

M. Pavie n'a pas achevé sa tâche. Nous le retrouvons en 1890, dans le pays où il s'est illustré. Il continue avec de nombreux compagnons l'œuvre géographique qu'il a entreprise jusqu'aux frontières de Chine et au-delà du Mékong, sur les confins de la Birmanie. Cette œuvre ne comporte pas moins de 30.000 kilomètres d'itinéraires. Mais les empiétements du Siam continuant sur nos confins malgré les arrangements qu'il a conclus, le Gouvernement l'envoie à Bangkok en qualité de Ministre résident. Il y reste jusqu'à la fin des événements que marque le forcement des passes de Paknam par nos canonnières, par l'état de guerre qui le fait amener le pavillon, par le blocus du Siam et enfin par le traité final qui nous donne la rive gauche du Mékong avec Luang-Prabang. Nommé alors Commissaire général au Laos pour l'organisation du pays, il y exerce ses fonctions (1894), secondé par des collaborateurs d'élite, et, jusqu'en 1895, parcourt la rive gauche du Mékong où il installe le régime français, suivant le vœu des populations, sans occupation militaire. M. Pavie fut ensuite chargé de la délimitation, de concert avec la Chine, du Fleuve Rouge au Mékong (700 kilomètres). Il achève cette opération en deux mois, puis, en qualité de Commissaire du Gouvernement français, représente la France à la Commission franco-anglaise du Haut-Mékong. Revenu ensuite à Bangkok, il remet trois mois plus tard ses fonctions à son successeur et rentre définitivement en France, après un séjour de 28 années en Indochine.

Ce serait bien mal connaître M. Pavie que de croire qu'il va vivre dans le souvenir et se reposer dans la satisfaction du devoir accompli avec éclat. Il se consacre à la publication du compte rendu de sa mission, qui comprend 10 volumes et de la carte de l'Indochine, dont une 4e édition paraîtra au premier jour.

M. le Colonel TOURNIER

M. le colonel Tournier fut, dans toute l'acception du terme, un soldat et un administrateur. Avec des ressources insignifiantes, il a réalisé une œuvre considérable au Laos, y a appliqué, en matière de politique indigène, des formules ingénieuses et heureuses. Il n'a pas, certes, échappé à la critique, car il eut des ennemis; mais aujourd'hui, la réputation du colonel Tournier comme administrateur est incontestée. Cet homme éminent est retiré de la vie active. Nous lui devions le témoignage qui lui est décerné et, pour mettre en lumière son mérite, nous n'avons eu qu'à relire les écrits de celui dont il fut le chef, M. Lucien de Reinach, qui durant plusieurs années l'a suivi et aidé dans son travail d'organisation administrative et politique du Laos.

M. le colonel Tournier arriva dans cette partie de notre Indochine en août 1893. Il ne l'a quittée qu'en mai 1903, après un séjour consécutif de près de dix années. MM. Rousseau et Doumer lui avaient laissé une entière initiative pour l'organisation du Laos. En 1900, pour se consacrer entièrement à l'administration de ce vaste territoire, il avait donné sa démission de l'armée, sans quoi, lorsqu'il cessa ses fonctions civiles, il y fût rentré pour y poursuivre un brillant avenir.

Les principes directeurs de son administration au Laos méritent d'être notés. C'est d'abord le respect des mœurs et des coutumes des populations indigènes en ce qu'elles ne blessent pas nos idées d'humanité. Les fonctionnaires placés à la tête des provinces doivent contrôler, conseiller, réprimer les abus, mais l'administration et la justice doivent appartenir à des indigènes choisis parmi les plus dignes. Puis, il faut que les dépenses d'administration soient aussi faibles que possible afin que les populations soumises à notre domination ne paient que des impôts équitables. Enfin, la pénétration pacifique des tribus sauvages de la chaîne annamitique est affaire de temps, de patience et de méthode.

Jamais le colonel Tournier ne s'est départi de ces principes. Grâce à son système, il a administré un pays grand comme la moitié de la France et dépourvu de communications rapides avec moins de quarante fonctionnaires européens. Le service financier était assuré par un seul payeur assisté de commis indigènes. Il fixait la quotité des impôts à payer soit par les Laotiens, soit par les Chinois, soit par les Tribus montagnardes et sauvages, en tenant toujours compte de la diversité des populations sur lesquelles s'exerçait son autorité. L'impôt foncier n'existait pas au Laos. Le colonel Tournier considéra qu'on ne pouvait l'établir tout d'un coup ; il le remplaça par de légers droits sur certaines marchandises à leur sortie. Cette mesure fut bien accueillie. Après son départ on voulut instaurer un autre système. C'était prématuré. Devant les protestations qu'il souleva, on fut obligé d'y renoncer et de revenir aux pratiques du colonel Tournier. La perception de tous les impôts et droits était faite par les autorités indigènes qui prélevaient au titre d'indemnité et de solde le dixième. On put ainsi lever toutes les taxes sans soulever aucune plainte et avec une dépense des plus minimes pour le budget. Les autorités provinciales établissaient elles-mêmes les listes d'impôts et en versaient le montant à la caisse du Commissaire du gouvernement.

La Justice, chose si importante et si délicate dans les pays de domination, eut toute l'attention du colonel Tournier. Il y appliqua les idées directrices que nous avons indiquées plus haut. Il organisa donc la Justice suivant les lois et coutumes de Vientiane (ce livre, dont il fit faire la traduction, fut apporté de l'Inde avec les livres sacrés du Bouddhisme). Les Tribunaux provinciaux furent maintenus tels qu'ils fonctionnaient avant notre venue. Un Tribunal supérieur fut créé dans chaque commissariat ; le Commissaire présidait ; il était assisté de deux fonctionnaires indigènes. Ce Tribunal connaissait de tous les appels formés à la suite de jugements des Tribunaux provinciaux et de toutes les affaires où un Européen était en cause.

L'instruction des indigènes ne devait pas rester étrangère aux préoccupations du colonel Tournier. Il est remarquable que tous les jeunes Laotiens sont instruits à la pagode de leur village où les bonzes enseignent gratuitement. Tous les hommes savent lire et écrire les caractères laotiens. Des écoles françaises gratuites furent créées dans chaque commissariat. On y apprenait les premiers éléments de la langue française à tous les jeunes Laotiens qui le désiraient. Deux écoles dirigées par des maîtres français furent établies, l'une à Luang-Prabang, l'autre à Vientiane. On y envoyait les meilleurs élèves des écoles provinciales. Enfin, les fils de fonctionnaires d'une intelligence exceptionnelle et choisis parmi les premiers des écoles supérieures étaient envoyés aux frais du budget du Laos, au collège Chasseloup-Laubat, à Saïgon. Mais il était bien entendu que l'instruction donnée serait essentiellement pratique et appropriée à son objet.

Au point de vue de l'assistance médicale, le colonel Tournier fit preuve du même esprit pratique : il créa dans tous les centres importants des ambulances et des pharmacies, et assura le service de la vaccine parmi les tribus indigènes. Dans ses tournées, il fit lui-même plusieurs milliers de vaccinations. M. le docteur Jeanselme, de l'Institut de Médecine Coloniale, qui a poursuivi au Laos une mission dont les résultats ont été remarquables, a signalé cette initiative du Résident supérieur; enfin, des vaccinateurs Laotiens furent formés.

En fait de travaux publics et d'agriculture, M. le colonel Tournier a réalisé tout ce que lui permettaient les moyens financiers mis à sa disposition. Tous les postes du Laos ont été reliés entre eux par des lignes télégraphiques. Trois lignes furent établies entre le Laos, le Tonkin et l'Annam. Tous les centres furent rattachés entre eux par des routes économiques, praticables aux charrettes durant la saison sèche ; des bâtiments convenables ont été construits pour les fonctionnaires européens; et l'on entreprit des travaux de balisage et de dérochement dans les rapides qui séparent les différents biefs du Mékong. Le Résident supérieur, en de nombreux rapports, a dit ce qu'il pensait de l'avenir du Laos au point de vue agricole. Ne disposant que de ressources insignifiantes, il a fait tout ce qu'il devait en cette matière, et ce qu'il a fait mérite d'attirer l'attention. Il a réglementé sagement l'exploitation, la conservation et la reconstitution des forêts, la culture et la récolte des plantes à caoutchouc notamment. Il sut, ce qui est extrêmement rare, concilier l'intérêt des exploitants avec les exigences permanentes de la défense des richesses naturelles du pays qu'il gouvernait. Il encouragea l'élevage par des primes, protégea les éléphants, indispensables pour l'exploitation des forêts et pour les transports et créa dans chaque village des greniers de réserve en prévision de la disette.

Enfin, quand le Haut-Laos fut placé sous notre autorité, le colonel Tournier organisa le royaume de Luang-Prabang, qu'il trouva dans un état d'anarchie complète, suivant sa conception particulière en matière de politique indigène, c'est-à-dire en conservant toutes les institutions et coutumes laotiennes en ce qu'elles n'ont rien de contraire à l'exercice de notre autorité souveraine et aux lois de l'humanité.

Quant à la question de l'alcool, si délicate dans nos possessions d'Asie, le colonel Tournier la résolut par l'établissement d'une taxe fixe par feu. Elle différait suivant les groupes de population et était perçue avec l'impôt. Les habitants fabriquèrent l'alcool qui leur plaisait. — Les négociants chinois acquittaient une taxe de 20 piastres par alambic. Le budget y trouva son compte et les populations furent satisfaites.

Grâce à son système d'administration, tout empirique, inspiré des convenances du milieu, le colonel Tournier rendit notre autorité sympathique aux populations laotiennes. Et en 1901, les troubles qui se produisirent sur les frontières du Siam, du Cambodge et de la Birmanie ne purent s'étendre grâce à notre action combinée avec celle des autorités indigènes. Le colonel Tournier, sans cesse en mouvement, a pu visiter sans escorte presque toutes les tribus sauvages de la chaîne annamitique, jusqu'alors insoumises. Par la seule persuasion, il les amena à reconnaître notre autorité.

Le Résident supérieur tient à attribuer une grande part de ces résultats à ses collaborateurs, notamment à M. Lucien de Reinach, dont il a apprécié la grande intelligence, l'attachement au devoir, le courage moral. M. Lucien de Reinach devait permettre de récompenser les services de ceux qui ont le mieux servi le pays qu'il avait aimé et nous sommes certains que, s'il était vivant, il serait à nos côtés pour proclamer les mérites de ce rude ouvrier de la cause coloniale.

M. le Docteur CALMETTE

Le monde scientifique, tous les coloniaux en particulier, connaissent les titres de M. le Docteur Calmette à la récompense que la Fondation lui décerne. Le début de ses travaux concernant les colonies date de 1890. A cette époque, il fut chargé par Pasteur de créer à Saïgon un Institut pour la préparation des vaccins contre la variole et contre la rage. Aidé de quelques collègues qui devinrent à leur tour, un peu plus tard, des « missionnaires scientifiques », M. le Docteur Calmette a tâché d'explorer la pathologie indochinoise à la lumière des méthodes pastoriennes. Il étudia ainsi le choléra, la dysenterie, les vaccins des serpents et il fut conduit à préparer un sérum antivenimeux dont l'emploi maintenant généralisé à tous les pays chauds, où les serpents faisaient de nombreuses victimes (25.000 par an aux Indes anglaises seules), a réduit dans d'énormes proportions la mortalité.

Entre temps, M. le Docteur Calmette étudiait les questions d'ordre industriel et agricole intéressant nos colonies. C'est ainsi qu'en 1892, il a fait connaître les propriétés curieuses d'un ferment spécial trouvé par lui en Indochine, ferment qui transforme l'amidon de grains, de riz ou d'autres céréales, en sucre et en alcool. Ce ferment importé par ses soins en Europe, sert actuellement dans la grande industrie et son emploi a permis la création en Indochine et en Chine (Hankeou) de très importantes distilleries pour la fabrication de l'alcool et des vins de riz par fermentation pure.

M. le Docteur Calmette s'est, d'autre part, occupé, seul ou en collaboration avec le Docteur Yersin, d'étudier la peste bubonique et la sérothérapie antipesteuse. Il a appliqué cette dernière lors de l'épidémie d'Oporto en 1899 qui préoccupait très vivement notre pays à la veille de l'Exposition de 1900.

Il s'est appliqué ensuite à l'étude de questions bactériologiques touchant à l'hygiène publique en France ou aux colonies : purification des eaux potables, épuration biologique des eaux résiduaires, etc.

Enfin, depuis deux ans, cet homme éminent a été chargé par son maître et ami, M. le Docteur Roux, de créer et d'organiser à Alger, pour le compte de l'Institut Pasteur de Paris et du Gouvernement général un nouvel Institut Pasteur groupant un certain nombre de jeunes savants, médecins, vétérinaires, chimistes, qui ont pour tâche d'étudier les grandes questions intéressant l'essor économique de l'Algérie. Parmi ces questions, les plus importantes dont l'étude est vigoureusement poursuivie, sont : la lutte contre la malaria, contre le typhus exanthématique, le typhus récurrent et la mise au point de méthodes pratiques de vaccination des moutons contre la clavelée, maladie qui constitue le principal obstacle à l'extension de l'élevage et à l'exportation des ovins d'Algérie en France. C'est ainsi qu'avec la collaboration de MM. Brodri, Lhéritier et Boquet, vétérinaires, avec celle du Docteur Edmond Sergent fonctionnent déjà en face du jardin d'essai à Alger, et dans une annexe construite à Kouba, des laboratoires parfaitement outillés pour la préparation d'un sérum anticlaveleux dont la découverte est due au Docteur Borrel, de l'Institut Pasteur de Paris. Ce sérum sert, dès cette année 1911, à vacciner environ 120.000 moutons exportés du port d'Alger sur Marseille.

Tels sont les titres de M. le Docteur Calmette à une médaille d'or de la Fondation. Ce savant aime à se dire un modeste continuateur du grand Pasteur. Nous le considérons, en matière coloniale, comme un novateur à bien des égards, comme un de ceux qui, sur le terrain pratique, ont le plus contribué à accroître la richesse de notre Empire colonial et à améliorer la condition des populations indigènes.

M. GETTEN

Directeur général de la Compagnie française des Chemins de fer de l'Indochine et du Yunnan.

Lorsque, en avril 1898, le gouvernement français obtint du gouvernement chinois « le droit de construire un chemin de fer allant de la frontière du Tonkin à Yunnanfou », cette concession couronnait les persévérants desseins de la politique française en Extrême-Orient. Par là, en effet, notre Indochine prenait toute sa valeur; et notre influence dans le Sud-Ouest de la Chine trouvait là sa voie naturelle et son instrument le plus sûr. Mais, d'une part, il importait d'agir vite, notamment pour devancer nos rivaux, qui songeaient alors à pousser les chemins de fer de Birmanie jusqu'à Yunnanfou. D'autre part, le gouvernement français ne pouvait exécuter lui-même en Chine le chemin de fer à lui concédé; il devait avoir recours à une compagnie privée. Enfin, le chemin de fer du Yunnan manifestement ne prenait tout son intérêt que s'il était relié à la mer par une ligne ferrée à travers le Tonkin.

M. Doumer était alors Gouverneur général de l'Indochine. Avant la fin de cette année 1898, le Parlement français avait voté une loi (loi du 25 décembre 1898), autorisant la construction de chemins de fer en Indochine parmi lesquels figurait la ligne de Haïphong à Laokay, et accordant une garantie d'intérêts annuels de 3.000.000 fr. à la société qui serait concessionnaire du chemin de fer du Yunnan.

On n'avait comme études de ce chemin de fer que la reconnaissance sommaire à laquelle avait procédé, en 1897, sur le tracé Laokay, vallée de Sin Chien, Mongtzeu, Lingan Fou, Sin Hsinn, Yunnanfou, une mission envoyée par le Ministre des Affaires Étrangères sous la direction de M. l'ingénieur en chef Guillemoto.

La mission envoyée par le consortium avait charge, en opérant avec toute la hâte possible, de serrer les évaluations précédentes, sans aborder l'examen comparatif des autres tracés.

Mais, dès lors, l'œuvre à entreprendre, examinée de plus près, apparut comme singulièrement difficile, aléatoire et coûteuse. Au lieu de 70 millions, pour une longueur de 470 kilomètres environ, on ne pouvait compter moins de 95 millions.

Les négociations sur ces données encore bien incomplètes aboutirent à la convention de concession du 15 juin 1901. Aux termes de cette convention, le gouvernement français rétrocédait au consortium — qui devait se substituer une société anonyme — la concession faite à la France par la Chine du chemin de fer de Laokay à Yunnanfou, et lui concédait le chemin de fer de Haïphong à Laokay, le tout pour une durée de 75 ans. Cette dernière ligne, d'une longueur de 385 kilomètres, dont le coût d'exécution était évalué à 50 millions de francs, devait être construite par la colonie et remise au concessionnaire dans des délais qui permettaient de l'utiliser pour la construction de la section de Laokay à Yunnanfou.

Cette convention fut approuvée par une loi du 5 juillet 1901 et la « Compagnie française des chemins de fer de l'Indochine et du Yunnan » fut constituée définitivement le 10 août suivant, pour être substituée, comme il était prévu, au consortium concessionnaire.

La tâche la plus immédiate et la plus lourde de la compagnie qui venait de naître était la construction de la ligne du Yunnan. La Régie générale de chemins de fer et la Société de construction des Batignolles formèrent la « Société de construction de chemins de fer Indochinois », au capital de 4 millions de francs. Le 23 septembre 1901, la compagnie concessionnaire concluait avec cette société une convention par laquelle elle lui confiait l'exécution des travaux moyennant le prix forfaitaire de 95 millions résultant des conclusions de la mission technique. Ainsi à l'automne de 1601, les deux grands organismes à qui incombait une entreprise dont les difficultés étaient à peine pressenties et nullement mesurées, se trouvaient constitués.

M. Maxime Getten, ingénieur en chef des Ponts et Chaussées, qui avait donné des preuves éclatantes de son talent, de la hardiesse et à la fois de la sûreté de ses conceptions en France, au Tonkin, en Amérique, dans l'Inde française, en Algérie, fut nommé directeur général de la Compagnie française des chemins de fer de l'Indochine et du Yunnan.

Sans tarder, on se mit à l'œuvre.

Le résultat des études convainquit bientôt la Compagnie et la Société que les plus grands mécomptes étaient à craindre. D'ailleurs, préoccupées de donner satisfaction aux desiderata du gouvernement et d'assurer le développement futur de l'entreprise qu'elles poursuivaient en communauté d'intérêts avec l'Indochine et la France, les deux sociétés visaient à améliorer les caractéristiques de la ligne par l'augmentation de 50 à 100 mètres de rayon minimum des courbes et la réduction de 35 à 25 millimètres de la déclivité nette maxima. Grâce, en effet, à ces conditions nouvelles, la ligne de faible débit à laquelle se résignait le gouvernement devait se transformer en une véritable ligne de pénétration capable de faire face aux exigences d'un trafic susceptible de devenir considérable.

La proposition de changement de tracé, si avantageuse sur les points essentiels, ne fut pas tout de suite accueillie. Après de longues discussions et des tergiversations qui ne laissaient pas que d'impressionner défavorablement les Chinois, les deux sociétés finirent par obtenir gain de cause.

Le nouveau tracé, malgré sa supériorité, se heurtait à d'inévitables difficultés techniques. C'était toujours un chemin de fer de montagnes qui, avec une longueur sensiblement égale, partait de la cote 90 à Laokay pour arriver à la cote 1950 à Yunnanfou, après avoir franchi deux faîtes : entre le bassin du Fleuve Rouge et celui du Fleuve de Canton à la cote 1700; entre le bassin du Si-Kiang et celui du Fleuve Bleu à 2.100 mètres. Il traversait des terrains mal connus puisque c'étaient les premières tranchées ouvertes au Yunnan, des terrains changeant de nature presque à chaque kilomètre, mais presque partout instables et ébouleux. Finalement c'est par l'exécution de plus de 16.300.000 mètres cubes de terrassements dont les 2/3 en rocher que s'est traduit l'établissement d'une plateforme pour laquelle le devis primitif envisageait 9 millions de mètres cubes. Et les arbitres admettaient en 1908 — il est vrai malgré les déclarations de la Compagnie — 14.600,000 mètres cubes seulement !

La ligne ferrée nécessitait 3.422 viaducs, ponts et aqueducs de toute espèce, pour l'écoulement des eaux et le franchissement des ravins importants — ce qui représente plus de 7 ouvrages par kilomètre ; mais ce n'est pas tout, et on peut estimer à 7.000 le nombre total des projets dressés et exécutés. Parmi les 22 ponts métalliques employés, plusieurs sont d'un type spécial et tout à fait nouveau, apportant des solutions ingénieuses à des problèmes de construction nouveaux et dont l'honneur revient principalement à M. Paul Bodin, ingénieur-administrateur de la Société de Construction des Batignolles. Il faut citer les 7 viaducs d'une longueur totale de 444 mètres, en travées de 8 mètres, sur piles métalliques qui atteignent 35 mètres de hauteur dans des courbes de 100 mètres de rayon. Les conditions du problème étaient que le montage put être fait avant l'arrivée de la locomotive et que les éléments pussent donc être transportés à dos d'homme ou de bête de somme en des points d'accès difficile, dans une région sauvage et malsaine. Il faut citer encore ce viaduc de 65 mètres entre deux falaises verticales, au-dessus du Faux Namti, et dont les journaux illustrés ont fait connaître dans le monde entier l'impressionnante disposition. Les tunnels sont au nombre de 155, avec une longueur total de 17.864 mètres.

Et que dire des difficultés éprouvées : matériaux défectueux, pays ruinés par la récente interdiction de la culture du pavot à opium, retard dans la construction de la ligne Hanoï-Laokay, accaparement par les chinois du riz, des vivres et des moyens de transport. L'insalubrité de la vallée du Bas Namti se manifestait de la façon la plus meurtrière : il y eut certains mois d'été où sur cette section, pour les chantiers installés à une cote inférieure à 500 ou 600 mètres, la mortalité atteignit le taux de 5 à 600 individus sur un effectif inférieur à 10.000.

Les adversaires de l'entreprise — il n'en manquait pas en Chine et ailleurs — ne se faisaient pas faute de répandre, en les exagérant encore, ces nouvelles alarmantes, de semer le découragement dans le personnel et de détourner les coolies de ces chantiers qui paraissaient voués à l'insuccès, sinon au désastre. Aussi la main-d'œuvre manquait-elle.

Que la main-d'œuvre pût manquer pour l'exécution de travaux en Chine, dans le réservoir d'hommes où viennent puiser les entreprises du monde entier, — voilà ce dont personne ne s'était avisé au moment où se négociait la concession et s'établissaient les prévisions du coût d'exécution du chemin de fer du Yunnan! Ce fut cependant la source des mécomptes les plus considérables. Il fallut étendre le recrutement dans la Chine du Nord à Tien-Tsin; il en vint des travailleurs qui fournirent un grand effort dans le Namti, mais qui mal acclimatés, y périrent en grand nombre. Il en vint de Canton : c'est non des travailleurs, mais la lie de la population dont le Vice-Roi s'était ainsi débarrassé. Il en vint du Setchouen : les caravanes s'égrenaient sur l'interminable route! Et pourtant, malgré tant de déboires, le persévérant effort de la Société de Construction finit par aboutir, puisqu'on vit sur les chantiers le chiffre des travailleurs dépasser 20.000 en novembre 1905 pour s'élever à la fin de 1906 jusqu'à 47.000. Dans ces agglomérations de races diverses le besoin de discipline, le besoin de justice et de police s'imposaient avec une rigueur absolue. Et cependant, la sécurité n'était point assurée; les autorités consulaires étaient désarmées, les autorités chinoises se déclaraient impuissantes. Des troubles, en 1903, avaient désorganisé les premières installations; les troubles réformistes en 1908 en se produisant dans le Bas Namti retardaient la pose de la voie et l'arrêtaient même au moment précis où, profitant des derniers jours de la saison favorable, elle allait sortir enfin de la zone ingrate pour achever l'escalade du plateau Yunnanais.

Pendant ce temps, de grands événements se déroulaient dans une autre partie de l'Extrême-Orient; le Japon était victorieux de la Russie et ces événements avaient leur répercussion sur le chemin de fer du Yunnan.

A travers tant de difficultés techniques, à l'encontre de tant d'hostilités et de défiances, ouvertes ou déguisées, l'œuvre se poursuivait cependant. Elle se poursuivait, mais à grands frais, et on n'en voyait pas encore le terme que déjà les ressources s'épuisaient.

Dès 1906, l'impossibilité d'exécuter le contrat forfaitaire apparaissait; la Compagnie concessionnaire et la Société de Construction étaient acculées à déclarer que les événements avaient démenti les prévisions et débordé les contrats en les rendant caducs; que la colonie de l'Indochine elle-même n'avait pas tenu au Tonkin ses propres engagements — et qu'il y avait donc lieu de reviser la convention de concession.

Une commission interministérielle fut nommée pour examiner les griefs de la Compagnie et éclairer le Ministre des Colonies sur la recevabilité de sa demande. Une sous-commission fut envoyée au Yunnan pour faire un rapport sur la gestion de l'entreprise dans le passé et sur les conditions de son achèvement. Le 15 février 1907, intervenait entre le Gouvernement et la Compagnie une convention qui, d'une part, assurait en toute hypothèse les ressources financières nécessaires à la continuation des travaux, et d'autre part, déférait à un tribunal arbitral les demandes formulées par la Compagnie.

La sentence fut rendue le 13 avril 1908. Elle fixait le total des sommes dépensées ou restant à dépenser pour l'exécution du chemin de fer au total de 165.466.888 francs pour une ligne qui devait coûter 101 millions! Mais, après avoir retenu deux griefs, elle proclamait que « la gestion de la Société de Construction avait « eu, du moins, le mérite de triompher de difficultés auxquelles « d'autres procédés auraient peut-être succombé!! ». Elle rendait justice « aux collaborateurs de tous ordres de cette grande entre-« prise, qui en auront assuré le succès. »

Cependant la Société de Construction estimant que les quantités d'ouvrages et les prix unitaires alloués par les arbitres pour l'achèvement de la ligne étaient inférieurs aux nécessités réelles — la mettant dans l'impossibilité de continuer l'entreprise — résolut de se mettre en liquidation.

L'heure était critique; sur le point d'aboutir, l'œuvre se voyait menacée d'une ruine aux conséquences peut-être irréparables pour l'influence française en Extrême-Orient. Mais cette éventualité fut écartée. Absolument résolue à poursuivre — coûte que coûte — et jusqu'au bout sa tâche, la Compagnie concessionnaire conclut le 14 mai 1908, un arrangement amiable avec la Société de Construction dont elle fut nommée un peu plus tard liquidatrice.

Grâce à cette combinaison la Compagnie put présider elle-même à l'achèvement des travaux en utilisant l'organisation et les moyens d'action contitués par la Société de Construction, en conservant un personnel et des entrepreneurs expérimentés. C'est ainsi que, en dépit de toutes les circonstances contraires, des événements imprévus comme ces tremblements de terre qui bouleversaient la vallée du Ta tchen Ho en 1909, l'œuvre fut menée à terme. Et le 30 janvier 1910, le rail atteignait le terminus de Yunnanfou. Deux mois plus tard, devançant d'une année les délais impartis, le chemin de fer qui unit la capitale du Yunnan au Golfe du Tonkin était de bout en bout ouvert à l'exploitation.

Après ce rapide exposé on peut dire que le chemin de fer du Yunnan constitue une œuvre technique magnifique. A ce point de vue, les suffrages des ingénieurs de tous les pays qui l'ont visité sont unanimes. Cette entreprise donne certainement la mesure du savoir et de l'énergie de nos ingénieurs, elle fait honneur à notre pays et elle établit au loin son influence et sa renommée. Le rôle que les hommes d'État qui en furent les promoteurs attribuaient à cette ligne ferrée s'est modifié avec les événements; elle n'en reste pas moins une œuvre de grande portée et elle se trouve dès maintenant, et en tous cas, en mesure de servir, par le développement commercial et industriel de la Chine du Sud-Ouest et de l'Indochine, et les intérêts solidaires des deux pays et l'influence française en Extrême-Orient.

Nous venons de rappeler sommairement les difficultés rencontrées par les promoteurs d'une grande entreprise française. Il ne faut pas oublier ceux qui, par la valeur exceptionnelle de leur collaboration, ont permis de la mener à bien. Nous devons citer MM. Dufour et Prudhomme, ingénieurs divisionnaires, Langrogne, agent principal de la Compagnie au Yunnan, Le Bourhis, directeur de l'exploitation, Chemin-Dupontès, ingénieur en chef du service « trafic et mouvement ».

Mais ce témoignage rendu à des collaborateurs éminents, nous avons le devoir de dire que tous ceux qui ont vécu les heures difficiles de l'entreprise, attribuent la plus grande part du succès à M. Maxime Getten. Il n'a pas été seulement un ingénieur qui, par sa science, force vraiment l'admiration, il a été d'une prodigieuse énergie, un diplomate plein de ressources, un juriste à l'esprit fin et sûr. Depuis l'origine (1901), M. Getten, obligé d'être tantôt à Paris et tantôt en Extrême-Orient, a traversé quinze fois la Mer Rouge et une fois la Sibérie. Il a été au-dessus de toutes les tâches. C'est lui qui, sans conteste, aux yeux des Chinois et des ingénieurs de tous les pays, personnifie à cette heure le Chemin de fer du Yunnan. M. Getten est également un chef bienveillant, un homme vraiment bon. Il a voulu que la grande médaille d'or de la « Fondation Lucien de Reinach » fût une récompense collective.

SERVICE GÉOGRAPHIQUE DE L'INDOCHINE

Commandant SCHERDLIN, médaille d'or, (grand module).
Capitaine CHARRAS, médaille d'or (petit module).
Lieutenant PARIS, médaille d'argent (grand module).
Sergent BONNIN, médaille d'argent (petit module).

Extrait de la lettre de M. le colonel Aubé, chef du Service géographique de l'Indochine, à M. le Président de la Fondation Lucien de Reinach :

« Parmi les officiers et hommes de troupe qui se sont tout particulièrement distingués, et qui me paraissent mériter des médailles ou des prix, je dois signaler tout d'abord :

« Le commandant Scherdlin A. S. de l'arme du génie, depuis sept ans en Indochine, et à qui l'on doit la majeure partie du réseau géodésique étendant ses mailles serrées sur tout ce groupe de nos possessions.

« J'y joins dans l'ordre de préférence les noms suivants :

« capitaine Charras, distingué topographe qui en est à sa sixième campagne technique et qui commande actuellement encore une brigade du 1/80.000 en Annam ;

« lieutenant Paris, quatre campagnes topographiques ;

« sergent Bonnin, huit campagnes géodésiques.

« Je serais particulièrement heureux de voir attribuer à une partie tout au moins de ces dévoués collaborateurs les récompenses prévues à la Fondation de Reinach. »

MM. SIMON et MAZERAN

Suivant l'expression de M. Lucien de Reinach, dans son livre sur le pays où il a rempli d'importantes fonctions administratives, le « Mékong fait le Laos. » Il fertilise le sol. Il fournit aux natifs la plus grande partie de leur alimentation. Il constitue la grande voie de communication, il pourrait permettre de faire de Saïgon un des plus grands entrepôts du monde. En un mot, le Mékong est au Laos ce que le Nil est à l'Égypte. Dès lors, le problème de la navigabilité du Mékong, depuis notre établissement en Cochinchine, a préoccupé tous nos administrateurs. Deux hommes, entre autres, se sont appliqués avec un courage et une science remarquables à la solution de ce difficile problème : MM. les lieutenants de vaisseau Simon et Mazeran, aujourd'hui du cadre de réserve de l'armée de mer.

* * *

Les empiètements du Siam, sur la rive gauche du Mékong, d'une part, et, de l'autre, le dessein de l'administration de la Cochinchine d'établir des communications directes entre Saïgon et l'hinterland décidèrent le gouvernement à prendre des mesures pour affirmer les droits de la France sur ces territoires, pour y entreprendre leur mise en valeur en utilisant, comme voie de pénétration, l'immense artère fluviale qui les traverse sur plusieurs milliers de kilomètres.

Au mois de Mars 1893, M. Delcassé, Sous-Secrétaire d'Etat aux Colonies, chargeait M. le lieutenant de vaisseau G. Simon d'organiser une expédition dont le principal objet était le lancement au-dessus des chutes du Mékong, à Khone — considérées jusqu'alors comme un obstacle absolu au passage dans le haut fleuve — de deux canonnières le *La Grandière* et le *Massie*, construites en vue de la navigation malaisée du fleuve et des travaux hydrographiques à y exécuter.

Quant au but politique de la mission, M. de Lanessan, Gouverneur général de l'Indochine, le définissait en ces termes : « Vous « avez pour mission d'établir par le fait, en employant des moyens « pacifiques, que les eaux du Mékong, aussi loin que vous pourrez « le remonter, sont placées dans la sphère d'action de la France. »

Les travaux de la mission Simon n'ont pas duré moins de trois années pendant lesquelles l'hydrographie du Mékong a été relevée jusqu'à 2.500 kilomètres de la mer. Les eaux du fleuve et de ses affluents navigables ont été sillonnées par nos canonnières et les populations riveraines, qui se sont volontairement placées sous la protection de la France, ont subi le prestige de son pavillon.

L'œuvre purement technique de l'expédition est représentée par un atlas hydrographique du Haut-Mékong édité par le ministère des Colonies en 1897, et comportant 52 cartes au 1/300.000^e, et divers autres documents d'un intérêt scientifique de premier ordre.

Cet ouvrage considérable a facilité dans une très large mesure l'ouverture et le développement de la navigation commerciale sur ce fleuve imparfaitement connu jusqu'alors. Il constitue encore aujourd'hui le document géographique le plus complet qui ait été publié sur notre grand fleuve indochinois. Par une lettre du 26 novembre 1898, notre ami, M. Guillain, à l'époque Ministre des Colonies, félicitait hautement M. Simon des résultats obtenus notamment sous le rapport de « l'extension de notre influence dans les parties jusque-là peu connues du Haut-Laos. »

Indépendamment de 12 exemplaires reliés de l'atlas du Haut-Mékong le Service géographique des Colonies avait fait tirer 100 séries de cartes et documents composant cet atlas. Un meuble fut spécialement fait pour recevoir ces collections. Nous causerons sans nul doute quelque surprise à M. Guillain en lui apprenant que ce meuble est introuvable et que les précieuses collections qui y étaient renfermées sont probablement perdues.

M. le Ministre des Colonies avait raison de féliciter M. Simon. En effet, les résultats politiques de sa mission, tous obtenus par la persuasion, furent considérables. Aussi bien, lorque le *La Grandière* parvint à Luang-Prabang le 1er septembre 1895, après une navigation de neuf jours, considérée jusqu'alors comme impossible aux bâtiments à vapeur, l'impression produite sur les indigènes fut profonde. Personne, suivant l'expression du Résident supérieur du Laos, n'avait « pu croire à la montée du bateau par les basses « eaux. La ville se prépare à recevoir dignement les officiers et « l'équipage de notre marine. »

Mais ce fut surtout la dernière étape de cette campagne qui eut pour notre politique coloniale en Extrême-Orient les plus heureuses conséquences. En effet, M. Simon avait conduit sa canonnière à

Luang-Prabang au moment précis où les négociations entamées avec l'Angleterre au sujet des Etats Shans de la rive gauche étaient sur le point de tourner au désavantage de la France. Se basant sur le traité franco-siamois, conclu le 3 octobre 1893, le Gouvernement français revendiquait Muong Sing, point de la rive devenue française et que les Anglais venaient d'occuper.

A raison de la quasi-impossibilité du ravitaillement par territoire français, notre Gouvernement ne pouvait envoyer de troupes dans une région aussi reculée. Aussi, le Commissaire Royal Britannique, M. Scott, répondait-il à notre représentant, M. Pavie : « Vous n'avez pas fait acte de possession ni sur le fleuve, ni sur la rive gauche dans la région que vous revendiquez; vous n'y avez *aucun poste* militaire alors que la Grande-Bretagne occupe la principauté de Muong Sing avec 400 hommes... » Et pour résoudre le litige, les Anglais proposaient la solution de l'Etat-Tampon, le *Buffer State*, qui serait constitué par une province, celle précisément de Xieng-Kong que nous revendiquions aussi. C'est sur ces entrefaites que l'arrivée inattendue et inespérée du *La Grandière* fut annoncée à Luang-Prabang le 1er septembre 1895. Quelques jours après M. Simon recevait des instructions télégraphiques qui lui enjoignaient de monter encore avec sa canonnière au moins jusque dans les eaux de l'Etat-Tampon pour y faire acte de possession. Et c'est en exécution de ces ordres, malgré les périls de toute sorte d'une navigation s'effectuant au milieu des difficultés les plus grandes, au risque de se briser vingt fois sur les rochers, que le *La Grandière* réussit à atteindre Xieng-Kong, puis Xieng-Sen et enfin le barrage de Tang-Ho, à quelques jours de marche du poste de Muong-Sing.

La prise de possession du fleuve devenait donc effective et les territoires contestés de la rive gauche se trouvaient du même coup sous l'abri du pavillon français. Ceci se passait vers la fin d'octobre 1895.

Devant le fait accompli, les choses s'arrangent; les Anglais abandonnent l'Etat-Tampon, évacuent Muong-Sing et repassent le Mékong, laissant à la France tout ce qu'elle revendiquait, lui reconnaissant même une zone d'influence sur la rive droite. Ce résultat fut consacré par la convention dite « Convention Berthelot », entre la France et la Grande-Bretagne (15 janvier 1896). M. le Gouverneur général Rousseau, parlant de cette convention, pouvait dire, le 21 janvier 1896, que « c'est grâce à M. le lieutenant de vaisseau Simon que notre situation se trouvait désormais solidement assise sur le Haut-Mékong.

Revenu dans la Métropole, M. Simon songea à poursuivre l'œuvre que nous venons de résumer. En présence des résultats obtenus sur le Haut-Mékong, la Compagnie des Messageries fluviales de Cochinchine venait de signer avec le Département des Colonies un contrat pour l'établissement d'un service fluvial subventionné sur le parcours du haut fleuve de Pnom Penh à Luang-Prabang qui venait d'être ouvert à la navigation. C'était une entreprise audacieuse, hérissée de difficultés et tout à fait incertaine. Pour la mener à bien, la Compagnie rechercha le concours de M. Simon qu'elle considérait comme le seul homme capable de servir ses desseins. Celui-ci ne s'en rapporta qu'à lui-même du soin de donner à ses travaux leur valeur pratique. Après s'être fait placer dans la position de congé, il repartit en Indochine au mois d'août 1896 pour le compte de la Compagnie des Messageries fluviales de Cochinchine.

Malgré le peu de temps dont on disposait, le défaut d'un personnel expérimenté, l'insuffisance du matériel, l'extrême difficulté des transports, l'achèvement des travaux fut rapide. En moins de trois mois, trois vapeurs : le *Garcerie*, le *Trentinian* et le *Colombert*, d'un assez fort tonnage et de 300 chevaux de force étaient transportés au-dessus des chutes d'une seule pièce, par le chemin que les canonnières avaient suivi, c'est-à-dire sur une voie ferrée de 5 kilomètres. Ils étaient aussitôt répartis, sous la conduite personnelle de M. Simon, dans les biefs supérieurs que chacun d'eux devait desservir.

On peut s'étonner que sur un fleuve aussi vaste, parfois impétueux, et aussi peu connu, offrant d'une saison à l'autre des obstacles nouveaux, et d'autant plus dangereux que le personnel était inexpérimenté, on peut s'étonner qu'aucun accident grave ne survint. M. le capitaine Gosselin, ancien commissaire du Gouvernement du Laos, a écrit au sujet de M. Simon : « Ceux qui ne l'ont « pas, comme nous, vu à l'œuvre, demeurant, malgré un état de « santé très affaibli par le climat, des heures entières dans les eaux « du fleuve, pour déterminer un point de passage ou reconnaître

« et baliser un rocher, ne peuvent se rendre compte des obstacles « qu'il a surmontés. C'est un devoir pour tous ceux qui, dans leurs « études, sont amenés à parler du Mékong, de rendre à cet admi- « rable officier la justice qu'il mérite. »

Par ses rares qualités morales, M. Simon avait pris une grande influence sur les populations riveraines, et il parvint à Y lever plusieurs centaines de bateliers indigènes qui, au moyen de leurs embarcations, formèrent des convois hebdomadaires assurant la liaison avec les vapeurs dans les parages où ils ne pouvaient naviguer. Il établit des agences, des dépôts de combustible, des points de ravitaillement, des ateliers de réparation, slips de carénage, etc. Tout cela fut fait en moins d'un an, dans un pays où l'on manquait de tout, privé de communications télégraphiques, à plusieurs centaines de kilomètres de Saïgon. Plus tard, comme directeur de l'exploitation de la Compagnie des Messageries fluviales à Saïgon, cet officier parachevait son œuvre et amenait la Compagnie à lancer successivement d'autres vapeurs ou chaloupes dans les biefs supérieurs afin de réduire de plus en plus les trajets par pirogues.

La Compagnie des Messageries fluviales de Cochinchine entretient aujourd'hui sur cette ligne une flotte à vapeur imposante. De Pnom Penh à Khone Sud : les navires *Bassac*, *Vientiane*, *Gougear*; de Khone à Luang-Prabang : le *Pavie*, le *Garcerie*, le *Colombert*, le *Trentinian*, le *Massie*, l'*Ibis* et la *Mouette*. Pendant six mois de l'année le *Pavie* fait les voyages directs de Khone à Vientiane, 750 kilomètres sans rompre charge, plaçant la capitale administrative du Laos à 13 jours de Saïgon alors qu'au début, le même voyage ne demandait pas moins de 25 jours avec une infinité de transbordements.

Ainsi donc, comme directeur d'une compagnie privée dont le rôle a été grand au point du vue du développement économique des régions traversées par le Mékong, M. Simon a complété l'œuvre remarquable qu'il avait accomplie comme officier de marine, et, par les résultats acquis, comme par les périls courus, il a mérité amplement la récompense que lui décerne la Fondation Lucien de Reinach.

*
* *

Nommé au commandement de la mission hydrographique du Haut Mékong (1895-1898) et de la canonnière *La Grandière* en remplacement de M. le lieutenant de vaisseau Simon, en avril 1895, M. l'enseigne de vaisseau Mazeran rejoignit son poste par le Tonkin, la route Vinh-Hatinh-Savannakhet et le Mékong jusqu'en amont de Luang-Prabang.

Aux hautes eaux de 1897, après une année consacrée à des levés hydrographiques, M. Mazeran se décida, après une étude des plus minutieuses, à faire franchir au *La Grandière* les rapides de Tang Ho en amont de Xieng Sen.

Ces rapides avaient été considérés jusqu'alors comme le terminus de la navigation du Mékong, aussi bien pour les pirogues que pour les vapeurs, par tous les voyageurs qui avaient pu les approcher, en particulier par Francis Garnier. Le prédécesseur de M. Mazeran, dans son rapport de fin de mission, avait conclu dans le même sens.

Le Tang Ho et les autres rapides dont quelques-uns sont des plus dangereux, furent néanmoins franchis, non sans de grosses difficultés, et le *La Grandière* dans le courant d'août 1897, vint stationner dans le bief de Xieng La, surveillant ainsi la route de Muong Sing, à Xien Houng, capitale des Etats Shans anglais. La montée du *La Grandière* eut un retentissement local énorme; des Sin Song Pannas, de Muong Sing, de Xieng Houng, les indigènes accourent pour voir le bateau à vapeur qui avait osé s'aventurer dans des régions où aucune pirogue n'avait jusqu'alors pu parvenir.

En aval, dans le bief de Vientiane, le *Massie* continuait ses levés hydrographiques principalement dans les grands affluents du Mékong, en particulier dans le Nam Ngum navigable pendant près de huit mois par an sur plus de 300 kilomètres pour une petite canonnière.

Ces études hydrographiques se prolongèrent tant en amont qu'en aval pendant toutes les basses eaux de 1897-1898. En juin 1898, M. Mazeran, fatigué par une campagne de trois années, demandait au Gouverneur général son remplacement et rentrait à Saïgon fin juillet par le Mékong, étant probablement le seul voyageur qui ait jusqu'alors descendu ce fleuve depuis la frontière de Chine jusqu'à la mer, sur plus de 3.000 kilomètres.

Un atlas contenant les cartes hydrographiques, les levés particuliers des seuils ou des rapides, le plan de certaines villes comme Vientiane et Xieng Sen, les courbes des crues et des températures, etc., a été publié en 1899 par les soins du Service géographique du ministère des Colonies.

Outre le travail hydrographique qui a été le principal objet de la mission, de nombreux rapports économiques, historiques, géographiques, etc., ont été adressés en leur temps par elle au Gouverneur général. Nous citerons, en particulier, les rapports sur la possibilité d'exploiter les forêts de tecks dans la région de Paklay et Xieng-Kong ainsi que l'exploitation des lianes à caoutchouc dans le bassin du Nam Ngum, près de Vientiane. C'est certainement à la mission que revient l'honneur d'avoir la première signalé ces deux richesses et indiqué les meilleurs moyens d'en organiser l'exportation.

Dans son rapport de fin de mission, M. l'enseigne de vaisseau Mazeran s'attachant à l'étude comparée des différentes voies de communication au Laos français, aboutissait à la conclusion formelle que, contrairement à ce que l'on avait espéré jusqu'alors, la voie du Mékong à elle seule ne pouvait suffire pour la mise en valeur de notre nouvelle possession. Elle pouvait être utilement employée dans ses biefs navigables mais il était de toute nécessité, si on ne voulait pas piétiner sur place et continuer à laisser les commerçants de Bangkok absolument maîtres du marché laotien, de la doubler par un chemin de fer partant de Quang Tri pour aboutir au grand bief central navigable, par le col d'Aïlao, à Savannakhet, et par une route de Vinh à Luang-Prabang à travers le plateau du Tranninh. Tant que ces travaux ne seraient pas exécutés, il ne fallait pas compter sur un développement sérieux du Laos. Seuls continueraient à être exportés par Bangkok les anciens produits des forêts, tels que cardamome, gomme laque, benjoin, etc., peu encombrants et d'un prix relativement élevé. Quand à songer à exploiter les mines, les bois dont le Laos possède une si belle variété ou tout autre produit encombrant, il n'y fallait pas songer. Les obstacles nombreux du Mékong : rapides de Kemmarat, chutes de Khone, etc., malgré tous les essais que l'on pourrait faire pour les améliorer, s'y opposeraient toujours. Cette conclusion était conforme à celle de M. Lucien de Reinach dans le livre dont une nouvelle édition a été publiée récemment.

L'avenir s'est chargé de démontrer la justesse des appréciations de M. Mazeran puisque, à l'heure actuelle, au point de vue de sa mise en valeur, le Laos n'a pas progressé depuis 1898. La décision récente du Gouverneur général de l'Indochine de faire construire une route de Quang Tri à Savannakhet par Aï-Lao donne un commencement de satisfaction aux desiderata exprimés par M. Mazeran, mais seul le chemin de fer sera capable de donner la vie à ce pays et à nous libérer définitivement du marché de Bangkok.

M. FÈVRE

Professeur à l'École Normale d'instituteurs de Dijon.

M. Fèvre, ancien élève de l'École Normale de Saint-Cloud, a été boursier de séjour à Wienen-Neustadt (Autriche) et à Leipzig comme professeur de l'École Normale. Il est actuellement professeur à l'École Normale d'instituteurs de Dijon et adjoint au maire de cette ville.

Depuis 1906, M. Fèvre est directeur du journal *Le Petit Bourguignon* et du *Républicain de la Côte-d'Or*. Il est l'auteur de *Notre Empire Colonial* et, en collaboration avec MM. Busson et Hauser, de *La Terre et l'Homme par l'image*.

M. Fèvre a créé une correspondance de presse : *Les questions du jour* où, chaque semaine, il publie des articles bien faits sur les colonies. Cette correspondance est envoyée régulièrement à 300 journaux de province. C'est là une excellente propagande en faveur de nos colonies.

M. Gustave SALÉ

M. Salé, ancien commissaire du gouvernement à Attopeu (Laos), s'est consacré, dans la presse coloniale, aux questions concernant le pays où il a exercé ses fonctions administratives. Il a publié sur le Laos, sur ses habitants, sur ses industries locales, sur ses richesses naturelles, des articles clairs, précis, d'une documentation sûre.

DÉCRET RECONNAISSANT

La Fondation Lucien de Reinach

Comme Établissement d'Utilité Publique

RÉPUBLIQUE FRANÇAISE

Ministère de l'Intérieur

Le Président de la République Française,

Sur le rapport du Ministre de l'Intérieur:

Vu la demande présentée par l'œuvre dite « Fondation Lucien de Reinach », à Paris, en vue d'obtenir la reconnaissance comme Établissement d'utilité publique;

Les comptes et budgets, ainsi que l'état de l'actif et du passif de l'Œuvre;

L'acte de donation du 10 février 1912;

Les statuts proposés et les autres pièces du dossier;

L'avis du Préfet de la Seine du 12 juillet 1911;

L'avis du Ministre des Colonies du 5 août 1911;

Les lois des 4 février 1901 et 25 février 1901;

L'avis du Conseil d'État du 17 janvier 1906;

La Section de l'Intérieur, des Cultes, de l'Instruction publique et des Beaux-Arts, du Conseil d'Etat entendue;

DÉCRÈTE:

Article Premier.

L'Œuvre dite « Fondation Lucien de Reinach » dont le siège est à Paris, est reconnue comme Établissement d'utilité publique.

Sont approuvés les statuts de cet Établissement tels qu'ils sont annexés au présent décret.

Article II

Le Secrétaire général de la « Fondation Lucien de Reinach » reconnue comme Établissement d'utilité publique par l'article 1er du présent décret, est autorisé à accepter la donation faite à cet Établissement par Mlle Juliette de Reinach suivant son acte notarié du 10 février 1912.

Article III

Il est déclaré que la libéralité dont l'acceptation est autorisée par l'article précédent, a le caractère de bienfaisance prévu par l'article 19, § 2, de la loi du 25 février 1901.

Article IV

Le Ministre de l'Intérieur est chargé de l'exécution du présent décret.

Fait à Rambouillet le 3 août 1912.

Signé : A. FALLIÈRES.

Pour le Président de la République :
Le Président du Conseil,
Ministre des Affaires Etrangères,
chargé de l'intérim
du Ministre de l'Intérieur,

Signé : POINCARÉ.

Pour ampliation :
Le Sous-Directeur,
Chef du Bureau du Secrétariat :

Signé : L. TABARANT.

STATUTS

DE LA

Fondation Lucien de Reinach.

I. — But de l'Oeuvre.

Article Premier.

L'Établissement dit « Fondation Lucien de Reinach », fondé en février 1911, a pour but :

1° D'assister les coloniaux sans fortune qui ont besoin de rétablir leur santé et, en cas de décès, leurs veuves et leurs orphelins;

2° D'attribuer des prix et des médailles aux officiers, fonctionnaires, explorateurs, savants, négociants, colons, qui ont rendu au cours de l'année écoulée, les services les plus signalés à la cause coloniale ;

3° A titre exceptionnel, de subventionner des œuvres ou missions scientifiques;

4° Enfin, et très subsidiairement, de consentir, moyennant un intérêt ne pouvant dépasser 3 p. 100, des prêts à des Français désirant s'établir dans nos colonies et à des militaires libérés dans nos possessions coloniales.

Il a son siège à Paris.

II. — Administration et fonctionnement.

Art. 2.

L'Établissement est administré par un Conseil composé de 15 membres nommés par la Fondatrice ou renouvelés par elle, et, après son décès, par le Conseil lui-même, dont la composition actuelle est la suivante :

Président : M. J. Charles-Roux, président de l'Union Coloniale Française.

Vice-Présidents : MM. le Prince Auguste d'Arenberg, membre de l'Institut, président du Comité de l'Afrique Française ;

Sénart, membre de l'Institut, président du Comité de l'Asie Française ;

Le professeur Le Dentu, membre de l'Académie de Médecine, professeur honoraire de la Faculté de Médecine de Paris, président du Comité de Direction de l'Institut de Médecine Coloniale.

Membres : MM. Bazin, trésorier de l'Union Coloniale Française, administrateur-directeur de la Société Marseillaise de Crédit Industriel et Commercial et de Dépôts ;

J. Chailley, député, directeur général de l'Union Coloniale Française ;

Xavier Charmes, membre de l'Institut, administrateur de la Compagnie Universelle du Canal Maritime de Suez ;

Paul Dislère, président de Section honoraire au Conseil d'Etat ;

Le Général Dodds, ancien membre du Conseil supérieur de la Guerre ;

Emile Maurel, de la maison Maurel et Prom, administrateur de la Compagnie du Chemin de fer d'Orléans ;

Maurice Sabatier, membre de l'Institut, ancien Président de l'Ordre des Avocats au Conseil d'État et à la Cour de Cassation ;

Simon, administrateur-directeur de la Banque de l'Indochine ;

Tambour, président du Conseil d'Administration de la Société « Le Nickel. »

Secrétaire Général : M. Denoual, chef de Service à l'Union Coloniale Française.

Les Membres du Conseil sont nommés pour six ans. Lors de l'expiration du mandat, ou en cas de décès ou de démission, il est pourvu à la nomination dans le mois suivant.

Art. 3.

Le Conseil choisit parmi ses Membres un Bureau composé d'un Président, quatre Vice-Présidents, un Secrétaire, un Trésorier.

Le Bureau est élu pour trois ans et toujours rééligible.

Art. 4.

Le Conseil se réunit une fois par mois et chaque fois qu'il est convoqué par son Président ou sur la demande du quart de ses Membres.

La présence de la majorité des Membres en exercice du Conseil d'administration est nécessaire pour la validité des délibérations.

Il est tenu procès-verbal des séances.

Les procès-verbaux sont signés par le Président et le Secrétaire.

Art. 5.

Toutes les fonctions de Membres du Conseil d'administration et du Bureau sont gratuites.

III. — Attributions.

Art. 6.

Le Conseil d'administration entend le rapport que le Bureau doit présenter annuellement sur la situation financière et morale de l'Établissement.

Il reçoit, discute et approuve, s'il y a lieu, les comptes de l'exercice clos, qui lui sont présentés par le Trésorier, avec pièces justificatives à l'appui.

Il vote le budget de l'exercice suivant sur les propositions du Bureau et délibère sur toutes les questions mises à l'ordre du jour.

Le Bureau instruit toutes les affaires soumises au Conseil d'administration et pourvoit à l'exécution de ses délibérations.

Le rapport annuel sur la situation de l'Etablissement, ainsi que les budgets et comptes, sont adressés chaque année au Préfet du Département, au Ministre de l'Intérieur et au Ministre des Colonies.

Art. 7.

Les dépenses sont ordonnancées par le Président.

L'Établissement est représenté en justice et dans tous les actes de la vie civile par le Secrétaire Général.

Le Trésorier encaisse les recettes et acquitte les dépenses.

Les comptes de sa gestion sont soumis à l'approbation préfectorale.

Art. 8.

Les délibérations relatives à l'acceptation des dons et legs, aux acquisitions, échanges et aliénations d'immeubles, aliénations de valeurs dépendant du fonds de réserve, prêts hypothécaires, emprunts, constitutions d'hypothèques et baux de plus de 18 ans ne sont valables qu'après l'approbation du Gouvernement.

IV. — Ressources annuelles et fonds de réserve.

Art. 9.

Les ressources annuelles de l'Établissement se composent :

1° Du revenu du fonds de réserve;

2° Des subventions qui peuvent lui être accordées avec emploi immédiat;

3° Du produit des ressources créées à titre exceptionnel et, s'il y a lieu, avec l'agrément de l'autorité compétente.

Art. 10.

Le fonds de réserve comprend :

1° La dotation qui se compose d'une somme de 200.000 francs constituée par la Fondatrice;

2° Le montant des libéralités autorisées sans affectation spéciale au fonds de réserve;

3° Le dixième au moins de l'excédent des ressources annuelles.

Art. 11.

Le fonds de réserve est placé, sauf en ce qui concerne la dotation, en fonds de l'État français nominatifs ou en obligations nominatives dont l'intérêt est garanti par l'État.

Néanmoins l'Établissement pourra conserver toutes autres rentes, valeurs et titres, si l'auteur de la libéralité dont ils ont été l'objet en fait une condition.

Le fonds de réserve peut également être employé en acquisition d'immeubles, pourvu que ces immeubles soient nécessaires au fonctionnement de l'Établissement, ou en prêts hypothécaires, pourvu que le montant de ces prêts réuni aux sommes garanties par les autres inscriptions ou privilèges qui grèvent l'immeuble ne dépasse pas les deux tiers de sa valeur estimative.

V. — Modification des Statuts et Dissolution.

Art. 12.

Les présents statuts ne pourront être modifiés qu'après deux délibérations du Conseil d'administration, prises à deux mois d'intervalle et à la majorité des trois quarts des Membres en exercice.

Art. 13.

En cas de dissolution ou en cas de retrait de la reconnaissance de l'œuvre comme Établissement d'utilité publique, le Conseil d'administration désigne un ou plusieurs Commissaires chargés de la liquidation des biens de l'Établissement. Il attribue l'actif net à un ou plusieurs établissements analogues, publics ou reconnus d'utilité publique.

Ces délibérations sont adressées sans délai au Ministre des Colonies.

Dans le cas où le Conseil d'administration n'ayant pas pris les mesures indiquées, un décret interviendrait pour y pourvoir, les détenteurs de fonds, titres, livres et archives, appartenant à l'Établissement s'en dessaisiront valablement entre les mains du Commissaire liquidateur désigné par ledit décret.

Art. 14.

Les délibérations du Conseil d'administration prévues aux articles 12 et 13 ne sont valables qu'après l'approbation du Gouvernement.

VI. — Règlement intérieur et Surveillance.

Art. 15.

Un règlement adopté par le Conseil d'administration et approuvé par le Ministre de l'Intérieur, après avis du Ministre des Colonies, arrête les conditions de détail nécessaires pour assurer l'exécution des présents statuts.

Il peut toujours être modifié dans la forme.

Art. 16.

Le Ministre de l'Intérieur et le Ministre des Colonies auront le droit de faire visiter par leurs délégués les divers services dépendant de l'Établissement, et de se faire rendre compte de leur fonctionnement.

www.ingramcontent.com/pod-product-compliance
Ingram Content Group UK Ltd.
Pitfield, Milton Keynes, MK11 3LW, UK
UKHW020318220726
13923UKWH00003B/1219

9 782019 681326